警界貪贓枉法、政客錢權交易、
罪犯逍遙法外、官員收賄成習......
聖路易到紐約，
「扒糞者」曝光美國腐朽的真面目！

Lincoln Steffens
林肯·史蒂芬斯 著
孔繁多 譯

美國都市反腐紀實

腐敗之城

The Shame of the Cities

當資本主義缺乏任何可以制約的枷鎖，將會膨脹到什麼程度？
不受監督的執政者、不合法的司法體制、不以民為主的國家......

【揭開地獄蓋子的美國新聞人】【扒糞運動先鋒】
——林肯·史蒂芬斯，
美利堅的醜惡盡在筆下！

洞察最赤裸的社會現實，
從地方參議員到
羅斯福總統

目錄

目錄

序言

美國扒糞運動先鋒 —— 林肯‧史蒂芬斯

林肯‧史蒂芬斯（Lincoln Steffens，1866 年 4 月 6 日～ 1936 年 8 月 9 日），美國記者，發起並推動一場揭露黑幕、打擊腐敗、促進社會改革的「扒糞運動」（muckraking）。與卡爾‧馬克思（Karl Marx）主張暴力革命不同，林肯‧史蒂芬斯推動的那場扒糞運動，目的是打擊腐敗，促進改革，「拯救美國」。

1890 年代是美國歷史的分水嶺，在分水嶺的一邊，是一個農業的美國；在分水嶺的另一邊，是現代的美國，一個城市化的工業國家。林肯‧史蒂芬斯就屬於這個時代。此時的美國正好走出南北戰爭的陰霾，迎來經濟快速發展的黎明。但是，血汗工廠、貪汙受賄、爾虞我詐、假冒偽劣等問題，也讓這個「鍍金時代」蒙上厚厚一層灰。林肯‧史蒂芬斯和同道們一起，把美國新聞界的「黑幕揭發運動」推向高潮，也把陣痛中的美國推向正確的軌道。由此，林肯‧史蒂芬斯被譽為「揭開地獄蓋子的美國新聞人」。

史蒂芬斯於 1892 年進入報界。不久就開始對美國城市的腐敗作深入的揭露和報導。後來，他對各州的調查更加怵目驚心：從大鐵路公司到麵粉商、教材出版商等，都想方設法買通法律

序言

或法律的解釋權，讓自己獲得暴利。狄奧多·羅斯福（Theodore Roosevelt）總統將這些專門揭醜的記者稱之為「扒糞者」（muckrakers），把他們比喻為著名的宗教小說——班揚（John Bunyan）《天路歷程》（*The Pilgrim's Progress*）中的「扒糞者」。這位扒糞者手拿糞耙，目不旁視，只知道往下看，因此看不到任何美好的事物，滿目都是地上的穢物。由此，這個稱呼便固定下來。而且這個帶有謾罵之意的詞，反而得到公眾的「首肯」，成為一種受人讚許的尊稱。聲勢不小的「扒糞運動」歷時十餘年之久，促使社會猛醒，人們開始與各種醜惡現象鬥爭。通過各種立法，有力遏制腐敗的滋生，迅速緩解已成劍拔弩張之勢的社會矛盾。

1892 年，從歐洲留學回國的史蒂芬斯回到紐約，進入報界。各種社會醜惡讓他怵目驚心：金融界和政界狼狽為奸，透過錢權交易，牟取暴利；貪贓枉法是警界的家常便飯，員警定期向酒吧、歌舞廳索討黑錢；種種犯罪分子往往是各有「門道」，可以少判、減刑，甚至不受任何懲處。1901 年，受《麥克盧爾》雜誌（*McClure's Magazine*）之邀，史蒂芬斯出任該刊編輯部主任。這份創辦於 1893 年的雜誌，被後人稱為「黑幕揭發運動的橋頭堡」。在這個平臺上，史蒂芬斯開始大展身手。他連續發表文章，揭露美國城市政府官員的腐敗醜行。他說，「要用每一座城市代表城市腐敗中的一類典型」：選擇聖路易是為了反映賄賂

問題；明尼亞波利斯則揭露該城盛行的員警貪汙；費城的市民都已墮落，以致他們甘願放棄自己的投票權。

　　從市到州，再到聯邦，史蒂芬斯揭露的筆觸不斷升級，最後與時任美國總統狄奧多·羅斯福短兵相接。他的《自述》中記載了與羅斯福總統的交鋒。當採訪深入到某些具體法令、法案時，羅斯福總統坦言，為了通過某些利國利民的條款，有時他不得不與參議院和眾議院做某種交易，對此自己也時有忐忑，因為參、眾兩院並非代表共同的利益。史蒂芬斯尖銳地指出，這其實也是一種賄賂。羅斯福勃然大怒，堅決否認。史蒂芬斯說：「總統先生不是說過，儘管參議員們行為不端，你還是不得不與之周旋嗎？」羅斯福答曰：「沒錯。」史蒂芬斯又問道：「總統先生也說過，儘管籠絡某些參議員，你不得不對他們的人選委以官職，不知正確與否？」「沒錯。」羅斯福答道。史蒂芬斯得出結論：「這豈不是意味著，總統先生為了得到他們的支持票，而不惜授之以利嗎？」「這正是最令人難以容忍的賄賂。因為這種做法是以公帑的名義花人民的錢，而不是動用參議院的錢，況且如此作為僅僅是為了贏得由人民選出的參議員的支持 —— 支持反映人民意願的議案！這已經不僅僅是遮遮掩掩、數目不多的賄賂了。正是這種做法，引發現在總統和人民鏖戰正酣的腐敗機制。」他越說越激動，而羅斯福總統似乎已被他打動。後來，幾經蹂躪，羅斯福終於說出某名參議員與他私怨

甚深,總在政治上與他作對,阻撓他要通過的每一條議案。於是,他不得不任命這名參議員情婦的弟弟當某市地方檢察官。之後,果真就很少遭受這名參議員的刁難。對此,史蒂芬斯一針見血地指出:「總統先生,甚至是你本人都能察覺到,為了推行你的利民政策,你得在參、眾院收買選票,以求得到人民選舉的那些代表的支持。」史蒂芬斯的這些報導,引起軒然大波。羅斯福又將他召到白宮,怒氣衝衝地指責他濫用文字,居然公開說他賄賂和腐敗。一些隨員嚷嚷道:「什麼文章!簡直一派胡言!」一位部長指責說:「這是誹謗!總統先生,這已經構成了對美國總統的誹謗。」史蒂芬斯故作驚愕地反唇相譏:「還不至於那麼糟吧?閣下是想控訴我誹謗總統,對我進行審訊嗎?那閣下能否告訴我,我可以要求總統為人證,證明我所說的一切都是基於總統本人所述。」幾經交鋒,羅斯福總統火氣稍減,只是把他趕出白宮。不久,在記者招待會上,餘怒未消的羅斯福總統,將史蒂芬斯那種專門揭醜的記者稱之為「扒糞者」。羅斯福總統後來肯定會為自己這次「出言不遜」感到懊悔,因為金口玉言的總統先生,一不小心「御賜」給了黑幕揭發運動更為生動的名稱——「扒糞運動」。這枚光榮的勳章,被黑幕揭發者欣然接受。黑幕揭發運動於是「名正言順」地開展了十多年。不過,羅斯福也不必懊惱太甚。有歷史學家說,「華盛頓(George Washington)創建了美國,林肯(Abraham Lincoln)保衛了美國,而羅斯福則恢復了美國的活力。」這麼高的歷史評價當中,

也少不了那些扒糞者的監督之功。同時被百家報紙轉載的《麥克盧爾》雜誌越來越紅，史蒂芬斯被人們稱為扒糞運動的「領頭羊」。然而，隨著廣告收入的增加，史蒂芬斯的自由反而越來越受到限制。廣告部警告他揭發的某公司是重要的廣告客戶，雜誌主編也屢次強行撤下他的文章。史蒂芬斯震驚：「在我自己的辦公室，竟然有政治的干預！」他與幾名志同道合者集體辭職，創辦了《美國雜誌》。在史蒂芬斯的帶領下，《美國雜誌》很快就打開局面。這時，當初的志同道合者，開始提醒他「悠著點」，不時送進度報告給他，告訴他發行量增加多少，廣告增加多少，利潤增加多少。「不用多說，我心裡很清楚，《美國雜誌》碰到難得的成功機會了，而且我們每個人說不定還能狠狠地賺一筆。」但這卻使他內心痛苦不堪。「我帶著幾分痛苦和羞恥注意到，儘管我對自己撒謊，但我實在是很悠然自得。一切都是自己所為，不受任何外界影響，我被我自己的錢收買了，被賺錢的前景收買了。」史蒂芬斯離開了自己一手創辦的《美國雜誌》，成為自由撰稿人。此時美國的報刊業已完成大眾化過程，各類報刊在眾聲喧譁中蓬勃發展。

在 20 世紀前 10 年，史蒂芬斯的名聲如日中天。那是一個資本主義的發展缺乏法制約束和社會監督的時代，史蒂芬斯代表了一群「扒糞者」，專門揭露大公司的濫權，地方政府的貪汙和升斗小民的冤苦。他們筆下的美國，是一個工業大亨和金融

序言

巨頭橫行不法的國度;一個政府官僚普遍收受賄賂的國度;一個富人的天堂,窮人的地獄。他們對美國社會的批判,讓很多人開始從根本上懷疑美國制度。

美國總統狄奧多‧羅斯福在 1906 年的一次講話中,一方面承認史蒂芬斯等人揭露得有道理,另一方面又表示他的不滿。他認為史蒂芬斯等人為了製造轟動,有意誇大事實。

由於對美國社會失望,史蒂芬斯對十月革命非常感興趣,在 1919 年訪問了蘇聯。他的蘇聯之行,讓他相信他看到了人類的希望。他說:「我已經看到未來,它正在成為現實。」他的這句話,在他那一代對共產黨革命著迷的西方知識分子中,曾風靡一時。但好景不長,到了 1932 年,史蒂芬斯去世前不久,他對蘇聯這個所謂的新社會幻滅了。在那一代西方左翼知識分子中,史蒂芬斯是覺悟得非常早的。在史蒂芬斯的身後,他的那些作品成為美國社會文化史的一部分,是人們認識和了解那段美國歷史的重要資料,他對資本主義的批判,也一直是美國左翼思想的來源。身為有良知的知識分子,史蒂芬斯等人對他們所處的社會,盡到了自己的責任。

導言

　　這不是一本書。這是一部文集，重印了我在《麥克盧爾》雜誌發表的幾篇文章。那時這些文章是作為新聞報導寫出來的，現在收集成冊，仍然還是新聞報導，雖然新換了外套，裡面的內容並沒有進行任何矯飾。這個做法也許足以讓人覺得我似乎有點狂妄；假如我是為自己的記者職業主張權利，你可以這麼認為。但是這沒有什麼關係。身為記者，我記敘了美國一些城市的恥辱，在這些城市裡，許多人披著合法市民的外衣，卻不知羞恥地做著罪惡的勾當。現在我把一系列發表過的文章，從雜誌的合訂本裡抽出來重新發表，而且幾乎沒做修訂，我這麼做，當然有自己的道理。我原先寫這些文章，是有意圖的；一篇又一篇連續拿出來發表，是有意圖的；現在編輯成冊、重新出版，更是在進一步強調相同的意圖。過去我有決心，現在我仍然有決心，那就是對這些傲慢傢伙的違法行為，進行徹底的揭露。

　　我們有理由相信一定存在這樣的事。我們自吹自擂說的所有大話，不可能都是空洞的浮誇；我們虔誠的託辭，也不可能都是虛偽的謊言。說到底，美國人在科學、藝術和商業等方面獲得的成就，意味著我們有過硬的能力，而我們的虛偽則意味著基本道德觀念的種族意識。即使在政府裡，我們已經給出證

據，證明其巨大的潛能，而我們的政治也並非完全失敗；只是這些失敗簡直荒謬透頂。這些失敗是我們自己造成的，這顯示我們並不僅僅有傑出的成就和卓越的政治家，還有失敗和貪汙受賄者，而且同樣是真實的。我們為什麼對此不看一看、說一說呢？

因為我聽說，美國人民不會接受這個做法。你也許可以責備政治家們，或者任何一個階層，真的，但你不能責備所有的階層，責備全體人民。或許你可以欺騙不知情的外國移民，或者任何一個民族，但是你欺騙不了所有的民族，欺騙不了美國人民。沒有哪個階層，哪個種族，哪個利益集團或行業團體，需要單獨為此承擔責任。美國有些城市沒有得到很好的管理，那是因為美國人民沒有好好地監督政府。

當我動身去一些城市採訪時，一位誠實的紐約人誠實地告訴我，說我一定會發現美國各地的愛爾蘭人 —— 信仰天主教的愛爾蘭人 —— 是惡政的罪魁禍首。我去的第一個城市是聖路易，德國人的城市。我去的第二個城市是明尼亞波利斯，斯堪地那維亞人的城市，新英格蘭人是城市的領導者。接著我來到匹茲堡，蘇格蘭長老會教友的城市，我的紐約朋友也是長老會的一個教友。我聽到：「啊！可是他們都是外國人口。」下一站是費城，在所有城市當中，算得上最純的美國人群落，也是最沒有希望的城市。離開費城後，我來到芝加哥和紐約，兩者都

是多民族混居的城市，但前者成功地進行改革，而後者的政府是我在這些城市中，見到最好的政府，堪稱典範。「外國因素」這樣的藉口，是虛偽的謊言，目的是讓我們無法看清我們自身。

　　我們的自負，讓我們對政治深感悲嘆，而對商業大唱頌歌，這可以說是自我主義的另一個類似幻想。這是典型美國市民的抱怨。如今，典型的美國市民是商人。典型的商人是壞的市民，商人總是在忙。假如他是一個「大商人」，非常忙，他不會忽視政治，而會忙於政治活動。啊！非常忙，非常講究效率。我發現商人在聖路易行賄；在明尼亞波利斯有人為受賄者辯護；在匹茲堡有人導致腐敗；在費城有人與老闆們分享利潤；在芝加哥有人強烈反對改革；在紐約有人用賄賂基金打擊良好的政府。商人，這個大商人，他是一個自以為是、狂妄自大的騙子，他是腐敗現象的主要根源。如果商人可以忽視政治，那可是一種恩惠。但是商人並不是忽視政治的人。典型的商人不碰政治，是值得尊敬的市民；這樣的商人也很忙，但是他不需要政治，也沒有時間碰政治。如果他對政治的忽視，有可能使糟糕的政府走得太遠，迫使他奮起採取行動，他就會不高興，四處尋找對策 —— 快速治療病症的對策 —— 所以他會急忙回到商店。這是很自然的事，當他談政治時，他談商店。他的專利藥方是江湖醫生開的，這是交易。

　　「給我們一位商人，」他說（他的意思是指「像我這樣的」）。

導言

「讓這個人把經商的方法引入政治和政府，那我就可以繼續照料我自己的生意。」

從美國參議院議員到市政委員會委員，在我們國家的任何地方，幾乎沒有哪個商人被選入議會或委員會的哪個部門，然而政治仍然腐敗，政府相當糟糕。而自私的市民不得不預先準備好自我抑制，就像過去那些消防志願者能在任何時候、任何天氣都衝出去，進行預防火災的巡視。有時他出去把火撲滅（已經造成損失之後），然後回到商店，為商人從事政治活動而嘆息。商人，就像他們沒有成功地享受公民的權利與義務一樣，在政治活動中也沒有獲得成功。為什麼？

因為政治就是生意，正是這裡讓我們覺得出了問題，所有的癥結就在這裡。藝術、文學、宗教、新聞、法律、醫藥，這些都是生意，所有的 —— 你所能接觸到的各種行業。如同在英國，政治成為一種運動，在德國則成為一種職業，如果我們願意的話，好吧！我們將得到我們已有的以外的東西，這是另一個問題。不要試圖與銀行家、律師和乾貨商一起執行政治改革，因為這些人都是商人，指望他們獲得改革成就，至少會遇到兩大障礙。其一，他們與政客不同，甚至不比政客好多少；其二，政治不是「他們的行業」。不過兩者都有例外。許多政客投身商業，而且做得不錯（坦慕尼派的幾個前市長，費城幾乎所有老的政治領袖，在他們各自的城市裡，都是卓越的金融家），

而有的商人則從事政治活動，同樣表現不俗（例如馬克·漢納（Mark Hanna）。然而，他們並沒有對自己從事的行業進行改革，雖然他們有時會尖銳地提出批評，但目的是為了增強這些行業的實力。政客是具有專門知識的商人。當某些其他行業的商人學會政治交易，他就是政客，需要他進行改革的東西並不多。想一想美國參議院吧！相信我。

商業精神的實質是利潤，不是愛國主義；是信譽，不是榮譽；是個人獲取財富，不是國家繁榮；是交換和討價還價，不是原則。「我的生意是神聖不可侵犯的」，這是商人的心裡話。「無論什麼政策，只要能讓我的生意興隆，那就是好的，必須是好的。無論什麼政策，只要妨礙我的生意，那就是錯的，一定是錯的。行賄是不好的，也就是說，採取這樣的做法，是不好的行為；但是，如果是生意的需求，我必須這麼做，送點錢給別人，也就不一定是多麼壞的事。」「生意就是生意」，這句話可不是政治上的情感，但政客卻已經抓住了這一點。對行賄行為，他們採取的是相同的觀點，只是他們透過表現出對行賄者不屑一顧的樣子，來保有自尊，何況他們還有代表公平、公正的巨大優勢。「這麼做，也許是錯的，」政客會說，「可是，假如一個富商為了辦事方便或增加自己已有的巨大財富，主動提出與我做交易，我可以提供力所能及的幫助，為了生活嘛！與他妥協。我並沒有自稱有什麼美德，即使是在禮拜天。」至於政

府是好還是不好，根據需求，商人給出的貨物是優質還是劣質的，那又會怎麼樣呢？

　　但是，在我們政治裡的商業主義，還是有希望的，不僅僅是絕望。假如我們的政治領導人中，有相當多的政治商人，他們總是會提供我們可能產生的任何需求。所以我們不得不做的是，為好政府建立一個穩定的需求。老闆要我們分裂成多個黨派。對他而言，黨派只不過是他實現行賄目的所採用的工具而已。他「拒絕支持」他的黨，但是我們必須支持；行賄者改變他的黨，從一次選舉到另一次選舉，從一個郡到另一個郡，從一個城市到另一個城市。但是誠實的投票人，絕不可能這樣。為什麼？因為假如誠實的投票人不比政客們和行賄者更喜歡他們的黨派，那麼誠實的投票，就會發揮主導作用，而這會是壞事 —— 對行賄而言。獻身於國家機器的這種做法，如果讓我們失去主權，那將是愚蠢的。如果我們將黨派留給政客們，不投票贊成黨派，甚至不投票贊成政客，而是為市、州和國家投票，我們就應當統治黨派、市、州和國家。如果我們全部就很有希望的候選人名單進行表決，或者，如果這兩者一樣壞，都會否決所在的黨派，一直等到下一次選舉，然後否決另一個黨派的候選人 —— 那麼，我說，商業政治家就會覺得急需一個好的政府，而他們能夠提供。這個過程大概需要一代人，甚至更長的時間才能完成，因為政治家現在真的不知道什麼是好的政

府，但是形成一個不好的政府，也需要一樣長的時間，而政治家們知道壞政府是什麼樣子。如果政府「運轉不起來」，他們就會提供別的東西，如果需求穩定，身為很有商業頭腦的政客，他們就會「交貨」。

但是，人民希望有一個好政府嗎？坦慕尼派說人民不希望。人民是誠實的嗎？他們比坦慕尼派還好一些嗎？他們比商人和政客們還好一些嗎？我們腐敗的政府究竟還有沒有代表性？

許多人在各地四處行走，宣講教義，希望以這種方式消除美國的邪惡，培養個人良好的品行、純樸的誠實、勇氣和講究效率。對此，羅斯福總統嗤之以鼻。「陳腔濫調！」老於世故的人說。陳腔濫調？如果我的觀察一直是真實的，原原本本地採用羅斯福的改革方案，就有可能造成一場革命。從國會到教會，從銀行到選區組織，現存的體制就會引發激進和恐怖的震盪，其強度會超過社會主義和無政府主義。哎呀！那將改變我們所有的一切 —— 不僅僅是我們的鄰居，不僅僅是行賄者，而是你和我。

不，我們蔑視政治或對政治不屑一顧的做法，卻是我們誇耀經濟發展的主要方法。與公共事務中讓我們震驚的腐敗行為所採用的方法相比，我們本身處理私人事務所採用的方法，並沒有什麼兩樣。使你妻子進入社會的吸引力，和盼望別人對你

的著作做出肯定的評論，這兩者之間並沒有什麼本質上的差別；也等同於安排手下人擔任要職、把盜賊弄出監獄、讓一個富人的兒子進入公司董事會……等做法；工會內部的腐敗、銀行內部的腐敗，和政治機器內部的腐敗，它們之間也沒有什麼差別；在信託公司的傀儡董事，和立法機構裡與政黨地區會議有密切關係的成員之間，沒有差別；像薩姆‧帕克斯這樣的工頭，與像約翰‧D‧洛克斐勒（John Davison Rockefeller）這樣的銀行老闆，J‧P‧摩根（John Pierpont Morgan）這樣的鐵路大亨，馬修‧S‧奎伊這樣的政治老闆，他們之間一樣沒有什麼本質上的差別。老闆不是政治產物，而是美國制度的一個產物，產生於沒有追求自由精神的自由人民當中。

　　而這一切就是一個道德上的弱點。正是這個弱點，我們卻認為自己是最強大的。啊！我們在禮拜天是好人，而在美國獨立紀念日，我們是「非常愛國的人」。我們向看門人行賄，為的是向屋主提出自己的利益，這與向市議員行賄，希望獲得某條街道的做法相比，真是小菜一碟。但特准鐵路公司在自己經營的路線上，採用專利救生裝置，這才是行賄的根源。至於貪汙受賄、鐵路通道、酒館、妓院敲詐、摻水股票（watered stock，虛股）……所有這些違法行為，有相同的屬性。我們為我們的民主制度、共和形式的政府、大憲法和公正的法律感到驕傲，這真的讓人覺得悲哀。我們是自由的、獨立自主的民眾，我們

自己管理自己，政府是我們的。不過，這就是問題的所在。我們要承擔責任，不是我們的領導者，因為我們跟隨他們。他們讓我們對美國的忠誠，轉變成對某個政黨的忠誠；我們讓他們指揮黨派，將我們的市政民主轉變成專制政府，把我們的共和國家轉變成富豪集團統治的國家。我們欺騙政府；我們讓領導者掠奪政府；我們讓他們用甜言蜜語去哄騙，用小恩小惠的方式，使我們失去了主權。真的，他們為我們頒布了嚴厲法律，但我們也滿意地讓他們通過惡劣的法律，放棄作為交換的公共財產；而我們良好的法律，卻成為人家壓迫我們、欺詐我們的依據。我們能說什麼呢？我們打破自己的法律、侵吞我們的政府。海關的貴婦，手裡拿著繩子、濫用私刑的人，大企業的高階管理人員，拿著他們的賄款和回扣。難道行賄、受賄、無法無天，也是美國精神的一部分？

這些不能說嗎？還不夠明顯？紐約無所畏懼的地方檢察官威廉・特拉弗斯・傑羅姆說，「你可以把你想說的任何事情講給美國人民聽。如果你能誠實對待自己，你就能誠實對待美國人民。美國人民不僅能原諒你的坦率，也會寬恕你的錯誤。」這是一個誠實的、有前途的民主主義者的意見，也是他的經驗之談。誰還說過類似的話？當整個社會腐敗、墮落時，誰說過「噓！別出聲！」或「這有什麼用？」或「一切都好」之類的話？說這種話的人，是那些受賄者，也是懦夫，但貪汙者讓懦夫產

生了靈感。「加法、除法和沉默」這個信條，就是受賄者的信條。「不能傷害我們的黨，要愛惜城市的榮譽」，貪汙者們叫喊著。獨立紀念日演說，是貪汙受賄的「門面」和「託辭」，那裡面沒有什麼愛國主義，有的只是背叛。這是遊戲的一部分。貪汙受賄者大聲叫嚷，目的是爭取人們搖旗為「經濟繁榮」和「黨的事業」而歡呼喝彩，就像攔路強盜大聲命令「舉起手來」。而在我們揮舞旗幟、高聲呼喊時，他們卻讓旗幟從國家飄向政黨，使國家和政黨轉變成為賄賂工廠，「繁榮」轉變成製造「一手軟牌」的投機風潮，就像華爾街行話說的那樣，使上當受騙的人握著摻水股票，而他們的高手卻把持著財富。「責備我們，責備任何人，但是讚揚人民」，像這種政客的忠告，並不是出自對人民的尊重而做出的決策，是出於他們對人民的蔑視。就像奉承者利用昏庸國王退化的智力，透過這樣的奉承，政治老闆、金融老闆和企業老闆正在迷惑和愚弄有主權的美國公民的權利。而且，同樣的，他們正在讓公民的權利腐化。

　　這種公民權是容易墮落的。紐約的一個工會員工說，「我知道帕克斯在做什麼，但是我才不關心呢！他已經幫我提高薪資。讓他受賄好了！」而費城的一個商店老闆也說過相同的話：「黨的領導人也許從這個城市拿走比他們應當拿的更多的錢，但這並沒有讓我受到傷害。也許會多收我一點稅，但我承受得住。黨能維持保護性關稅。假如降低關稅，我的生意就毀了。

只要黨堅持那個關稅，我就支持黨。」

　　人民並非清白、無辜的。在所有刊登這些文章的報刊雜誌裡，那只是「新聞」，而且毫無疑問，對許多觀察家來說，那不是什麼新鮮事。不過對我來說不是這樣。當我打算記敘某些典型城市的腐敗系統時，我只是想說明人民是如何被欺騙、被出賣的。但在研究第一個課題時 —— 聖路易 —— 暴露出來的真相，就令人吃驚。腐敗不僅出現在政治方面，金融、商業、社會都有腐敗的現象。賄賂圈子的枝枝節節，是那麼錯綜複雜，手法是那麼多樣，影響又是那麼深遠。一個人的頭腦，幾乎不可能弄清其中的內幕，即使是不知疲倦的檢察官約瑟夫·W·福克，也無法把一切都查清楚。這種狀況，在我與克勞德·H·韋特莫爾共同編輯的文章裡，已經做了預示，但說得還不夠清楚。韋特莫爾先生居住在聖路易，他尊重自己城市的名譽，但這個城市的名聲對我的意義卻不大。當我獨自一人前往明尼亞波利斯市，我可以非常獨立地觀察。關於聖路易，我第一篇文章的題目是〈賄賂犯罪集團在聖路易的歲月〉，儘管「較好的市民」得到關注，犯罪集團才是人們的興趣中心。在〈明尼亞波利斯市的恥辱〉中，標題就直接點明了真相：這是明尼亞波利斯市的恥辱，不是艾姆斯管理的恥辱、不是犯罪集團的恥辱，而是這座城市、這座城市市民的恥辱。然而，明尼亞波利斯遠沒有像聖路易那樣惡劣，員警受賄從來沒有像行賄那樣普遍。行賄

更加令人震驚，但是賄賂如此骯髒，以至於不可能牽涉到社會更大的層面。所以我回到聖路易，重新審視這個地區，把人民記在心頭，不僅僅是關注被抓起來的、被宣布有罪的受賄者。這一次，弄清楚〈賄賂犯罪集團在聖路易的歲月〉的真正意思了。這篇文章的標題是〈聖路易的無恥行為〉，而這才是整個故事所要講述的東西。在匹茲堡，還是把人民當主題，儘管那裡的公民精神好一些，貫穿於區域的社會組織腐敗的蔓延現象，得到了證明。但是直到我來到費城，我才弄懂普遍腐敗的可能性，其嚴重程度已經達到讓我們不得不做出羞愧懺悔的程度。這個地方正適合我在這方面的個案研究。在鄉村沒有這種事情，唯一可能的，是在辛辛那提。費城當然不僅僅是腐敗，還有被腐敗，而這一點，我在文中也講得很清楚。可是費城把帳記在美國市民的頭上。

限於篇幅，我不太可能利用雜誌的版面，來全面評述任何一座城市市政府的各個方面，所以，我選擇的典型城市，在某個或某些方面，都是最具特點的。由此，以聖路易為例證，評述賄賂；以明尼亞波利斯為例證，評述員警受賄；以匹茲堡為例證，評述政治機器和工業機器；而費城，則是普遍存在的公民腐敗；至於芝加哥，我要說明的是那裡的改革；紐約則是模範政府的典型。所有這些事情，在這些地方的大部分地區發生著。在聖路易，現在和前一陣子有一些改革者，但如今那裡

又發生員警受賄的事。明尼亞波利斯曾對行賄、受賄進行過打擊，並實行議會改革，但行賄、受賄的現象又捲土重來。匹茲堡腐敗行為普遍存在，而費城則是一臺完美的政治機器。芝加哥的員警用不正當方法謀取錢財，政府行政管理水準低下，商業、企業、工會、社團普遍存在腐敗行為。至於紐約這座大都市，也許能夠反映出美國各個城市所發生的任何事情，但是多年來，沒有哪個市政府能像塞斯‧洛（Seth Low）市長管理的那麼好。

我所選擇的有代表性的城市，多數都是高度發達的城市。例如，在聖路易以及鄰近的芝加哥尋找有組織的改革；或在芝加哥及鄰近的明尼亞波利斯尋找貪汙受賄行為，這些做法都會是荒謬的。在明尼亞波利斯之後，對芝加哥行政管理的腐敗行為的描述，更像是對前邊的重複。也許對每個環境的顯著成分進行處理，可能沒那麼公正。但是我為什麼要公正？我並不是在評判什麼，我自認我沒有這樣的功能。我不是為了芝加哥而寫芝加哥，而是為了其他城市，所以我選擇每座城市有警示作用的案例，是為了指導其他城市。但是，即使我永遠也完成不了，我也從來不會誇大其辭。這些文章所涉及到的每一個人，我都是輕描淡寫、低調處理，尤其是狀況較為惡劣的地方。由此證明，儘管每一篇文章似乎讓其他城市感到震驚，卻會讓當事的城市覺得失望。我在費城的朋友，他們知道一些當地的

事，還有一些朋友知道我所知道的，所以他們對我的報導，都覺得詫異，認為我寫的太少。聖路易的一家報紙說，「事實擺在我們面前，但我們覺得說的還不夠充分。」他說的是真的。在寫費城的文章裡，我刪去大約兩千字，我所掌握的真實情況，連一半也沒有寫出來。我認識一個人，他用整整三卷書的篇幅，記錄下費城市政大廳的腐敗演變史，這樣他還覺得苦惱，覺得還有許多東西沒寫出來。你不可能用一本書，把已知美國城市腐敗的所有事件寫出來。

這一切非常不科學，但話又說回來，我不是科學家，我是一個新聞記者。我並不是冷淡地蒐集所有典型事例，然後耐心地進行整理，用來永久保存和實驗室分析。我不想保存，我想毀滅這些東西。我的目的不是科學研究，而是表現我調查和報導這些事件的勇氣。就像前邊我說過的，我的意圖就是想看一看，令人感到羞恥的事實，能否燒穿市民的無恥之心，能否讓美國人的自豪感燒出一把火。我想行動、說服人們，這就是為什麼我不是對所有事實都感興趣，所尋找的也不是什麼新東西，拒絕考量的舊東西超過一半。經常有人請我揭露一些被懷疑為可能存在黑幕的內容，我做不到。為什麼我應當這麼做？揭露未知的事或人，不是我的目的。人民要忍受的是什麼？他們是如何被愚弄的？他們是如何被廉價收買，又是如何被高價出賣的？為何那麼容易受到恐嚇，那麼容易受到誘導，去做好

事或做壞事——這才是我要採訪的內容。所以，只有各個城市的每個人都知道的事實，其他所有城市的每個人都能依據自己對這類事情的認知，確認有可能存在的事實，我認為才有意義。但是這些沒有被完全記述的事實，如果個體受到指責時，總是記在罪犯的頭上，可是最終卻讓人民深感痛苦，他們具有力量，也具有責任，他們和他們尊敬的人，還有引導他們的人。

　　這就與蠱惑人心的煽動家所發出的警告和規則大相徑庭。結果會是什麼呢？

　　約瑟夫・W・福克以其堅定的信念，監察並揭露聖路易的賄賂案後，這裡進行了一場競選。據說，〈賄賂犯罪集團在聖路易的歲月〉一文，已經引發某種公眾反對賄賂者的情感，但是與《麥克盧爾》雜誌相比，當地報紙需要處理的事情更多。明尼亞波利斯市大陪審團已經揭穿，法庭已經作出宣判，普通陪審團已經證明那裡的行賄者有罪之後，一場選舉顯示公眾輿論已經形成。但是這場選舉被視為最終選舉。當我趕到那裡時，曾經領導改革運動的那些人，都已經「功成名退」了，然而，當他們讀完〈明尼亞波利斯市的恥辱〉之後，他們轉身重新投入工作。他們制定了一項計畫，以保證市民及時了解情況，繼續為建立良好政府而努力奮鬥。這些忙碌的、並無野心的市民，他們認為這事「需要他們來定」，於是重新承擔起他們不受歡迎的職責，不過並沒有什麼怨恨。在一次重要市民參加的會議上，

導言

許多人在發言中誠懇地建議，有些事應當被說成是「澄清明尼亞波利斯名譽」，但有個人站起身來，非常愉快而又堅定地說道，文章所述內容是真實的。這讓他們感到相當尷尬，可是真相如此，且他們也知道這一點。會議就這麼結束了。

我返回聖路易，重新寫出真實情況，並在重寫的過程裡，盡可能在真相允許的前提下，進行抨擊。這時，我在當地的一些朋友看過稿子後，表現出驚恐的樣子——這篇文章會傷害到福克先生；這篇文章會傷害到人們的利益；這篇文章會引起民眾的憤怒……云云。

我說：「這正是我希望的。」

那些朋友說：「可是憤怒的情緒會讓福克先生和改革垮掉的，不會制服行賄者。」

我責問道：「文章的主題是揭露無恥行為，是以傲慢人物為抨擊目標，那就意味著這個信念，有一種自尊需要觸動，有一種恥辱需要清除，這難道還不明顯嗎？」

這個事情太微妙了。所以我答道，假如他們不相信這座城市，我相信，怎麼說我也相信。假如我錯了，讓人民感到委屈和怨恨，他們可以懲罰我和《麥克盧爾》雜誌，不是我有什麼罪行，而是我對恥辱現象的揭露，福克先生不會受到牽連，因為他和我的文章沒有關係。當地報社的人警告我，他們不會容忍我的文章，他們要對我說的事例進行反駁。我回敬道，我會

讓聖路易市民在我們之間做出選擇。這是真的，這是公正的，聖路易的人民以前就曾表明沒有恥辱。現在是一個好機會，看看他們是否有什麼恥辱。他們說我是傻瓜。「好吧！」我答道，「在過去的年月裡，所有的王國都有傻瓜，而傻瓜被允許告訴人們真相。我願意為美國人民充當傻瓜這個角色。」文章發表之後，果然受到當地報紙的抵制；福克先生的朋友否定我的報導；福克先生本人則出面為市民辯護。當地有頭有臉的市民籌措資金、組織民眾集會，高喊「讓我們的城市在世界面前恢復正常」。這個市的市長，一個卓越的人，還曾經幫助過我，也對我的文章進行譴責。賄賂犯罪集團的綱領懇求選票，希望憑藉「東部雜誌」的力量發動進攻。這裡的許多人也在反駁我。文章發表後，二十萬支持「福克和改革」的投票按鈕圖案，出現在聖路易的大街小巷。

不過這些按鈕都是支援「福克和改革」。他們沒有拿出證據證明我的文章是錯的，沒有證明聖路易的驕傲，但他們證明了這種驕傲受到觸動。直到那個時候，沒有人確切地知道對此的感覺究竟如何。那裡曾舉行過一次選舉，另一場競選處在待定狀態，而行賄者——抓起來的或就要被抓起來的——都被控制了，市民們還沒有採取行動驅逐這幫人。福克先生的出色工作，形成一個壯觀的場面，但是其中卻缺少大合唱。而且，儘管我採訪的人說他們都站在福克先生這邊，我也採訪了一些貪

導言

汙受賄者，他們只是詛咒福克，把他們的希望建立在這個假定上──即「一旦福克任期結束」，一切都會重新好起來的。沒有哪個局外人能夠在當地的這兩種觀點間做出選擇。我又如何能讀懂人們的心思？我採取客觀對待的態度，從正反兩方陳述事實──陪審團的正確裁定和行賄者的狂妄計畫──結果呢？真的，那就是聖路易不知羞恥的狀態，應當受到聖路易人民的譴責。

他們就是這樣看的，無論是在這個城市，還是這個城市所在的州，而且他們不再充當旁觀者。我的文章促使這裡的人們開始認真思考自尊問題。誰受到了傷害？不是聖路易。從那時起，這個城市決心行動起來，而賄賂行為似乎注定受到懲罰。不是福克先生。此後，福克的州長提名得到了人民的擁護，他們在密蘇里州各地成立俱樂部，迫使他尊重他和他們的當事人，並由此確保抓捕到聖路易和密蘇里州的行賄者。雜誌和我本人同樣沒有受到傷害。後來我又去了一次聖路易，曾花錢組織民眾集會譴責我的那些人，一反常規地找到我，說我是對的，文章所寫的內容是真實的，他們甚至請我「再寫一篇」。也別說，也許還真有機會這麼做。福克先生很快揭開了密蘇里州的蓋子，揭露出許多真相，而密蘇里州似乎也時機成熟，適合聚會。此外，州市的行賄者已聯手打擊人們，阻止人們的行動。具有決定性意義的選舉直到 1904 年秋天才得以舉行，行賄

者則在很大程度上指望浮躁的公眾輿論有些變化。但我相信，密蘇里州和聖路易市能一道證明人民可以作出裁決——如果他們被喚醒的話。

揭露匹茲堡的文章在匹茲堡卻沒有產生影響，評論費城的文章在費城也沒有任何結果，那裡更沒有什麼可期待的。正如我在文章說的那樣，匹茲堡了解自身的狀況，而且也許有能力從一些恥辱事件脫身，但是費城似乎安於現狀，沒有什麼希望。然而，就像我說過的，事件的報導都是以系列文章寫出，目的真的不是針對所敘述的城市，而是所有城市；最直接的反應不是來自所記敘的地方，而是其他地方。這裡存在著類似的惡行，或者說需要我採取類似的行動。所以，芝加哥專注於其自身的麻煩，覺得研究城市改革沒有用處，改革也許應該是別的城市的事，而費城，「墮落和滿足現狀」，被其他城市帶回家去，似乎已經在各地留下了最為持久的印象。

不過，看得見、摸得到的結果當然很少。這一年工作的實際成果，是在很多方面給出完整的證明，也就是說，我們的無恥是表面性的，在下面存在著一種驕傲，而這種自豪感一直是真實的，也許能挽救我們。這是真的。一些腐敗分子也許會說，你可以到處指責，但是不能指責人民，不能指責人民所居住的城市，而且還會說，只有透過奉承，才能打動美國人——他們說的是謊話，他們在為自己說謊。他們也是美國市民；他

們同樣是人民的成員；他們當中一些人同樣也受到恥辱行為的影響。我努力想講清楚的最大真相，也是福克先生不斷堅持揭露的真相：賄賂不是通常的重罪，而是叛國罪，這裡或那裡不時爆發的腐敗墮落事件，並不是對法律的偶爾冒犯，而是慣常的做法，而且其影響幾乎改變了我們政府的形式，從代表人民利益的政府，變成了寡頭政治，代表著某些特殊階層的利益。有些政治家已經看出事態的嚴重性，這讓他們感到煩惱。我認為，我比任何人都高度重視自己的體驗，就像他們說的，有些受賄的政客們，被我「烘烤」過五、六次。可是事後，他們當中卻有人來拜訪我，其中有一個，非常莊重地對我說：「你是對的。我從來沒有那樣想過這個問題，但是你說的沒錯。我不知道你是否能夠做任何事，但你是對的，完全正確，而我完全錯啦！我們大家，我們都錯了；我現在看不出如何才能把它停下來；我看不出如何才能改變。我想我做不到。是的，我做不到，不僅是現在。但是，你聽我說，我也許能幫助你，我會盡力的。你可以獲得我所知道的任何事情。」

因此你會明白，那些現實的政客們，並不是那麼壞的傢伙。我真的希望能講一些他們的事，比如他們是如何幫助我的；他們是如何坦誠地、無私地協助我發現真相和了解真相。而這些真相資料，我曾經警告過他們，他們也很清楚，是用來反對他們的。如果我能夠的話 —— 也許將來有一天我能夠 —— 我

應表明，我們擁有的、最有把握的希望之一，其實是政治家本身。請他們提出好的政策，如果他們給出的政策不好，那就懲罰他們；如果給出的政策好，那就獎勵他們，為政治買單。這時他就會說，你不知道，你不在乎，而且你一定受到別人的奉承或愚弄 —— 對此，我說，他錯了。我不拍任何人的馬屁，我以我能獲得最接近的資料陳述事實，我不是因為憤恨，而是因為受到鼓舞。在〈明尼亞波利斯市的恥辱〉和〈聖路易的無恥行為〉兩篇文章發表後，我不僅得到這兩個城市市民的贊同，而且其他城市的市民、個人、團體和組織，也向我發來邀請，好幾百封邀請信啊！他們在信中說，「來我們這裡吧！我們的情況更糟，來幫助我們揭露一下。」

我們美國人也許已經失敗。我們也許是唯利是圖的、財迷心竅的、自私自利的。我們也許不可能有什麼民主，而腐敗是不可避免的。但是這些文章，假如證明不了別的什麼事情，那也毫無疑問地證明我們經得起真理的考驗；證明美國市民的性格中，存在著一種自豪感，而這種自豪感，也許就是國家的力量。所以我的這本小冊子，記錄恥辱，也記錄自尊；既是不光彩的自供，也是榮譽的宣言，真誠地獻給那些被指控的人 —— 獻給美國所有城市的所有市民，我完全是出於善意。

1903 年 11 月，紐約

賄賂犯罪集團在聖路易的歲月

（1902 年 10 月）

聖路易，從其面積來看，是美國第四大城市，如今正在向世界宣告：其一，這裡是管理最差的一座城市；其二，他們希望所有人都來這裡參加世界博覽會，並在這裡觀光旅遊。其實，聖路易並不是管理最差的城市，費城才是。但是，如果我們把其內部的事情講出來，聖路易這座城市是值得我們深入檢驗的。

那裡有一個人在工作，一個人，完全獨立地工作著，他就是（地區或州）巡迴律師，「承擔起自己的職責。」這也正是數千名地區律師和公務人員承諾應做的，或者為此而自誇的事情。這個人很講究實際，頭腦清楚，嘴唇很薄，嘴角分明，個子不高，話也不多，而且說話時從不提高嗓門，喜歡把事情做在前面，眼睛裡帶有微笑，但下巴是緊繃的，他說的最簡單的話，就是「我能做到」。那些請他參加競選的政客們和有名望的市民，在他拒絕時，一再試圖說服他。他表示如果當選，就會不得不盡職、盡責，他們說：「那是當然。」於是他參加了競選，且在這些人的支持下，競選成功。可是如今，支持他的這些政客中，一些人被判入獄，一些人則跑到墨西哥。巡迴律師發現

自己的職責就是抓捕和證明罪犯有罪，而最大的犯罪分子，恰恰是那些政客和重要市民當中的一些人，於是展開調查。雖然他獲得輝煌戰果，但政治家們宣稱這不是政治。

聖路易的腐敗源自上層。最出色的市民 —— 實業家和金融家 —— 通常控制著這座城市，而且他們經營得不錯。他們決心超過芝加哥。這兩座城市之間的商戰和企業競爭，一度是一道獨特的風景，也是富有戲劇性的場面，只有在我們這個國家才能目睹。實業家不僅僅是商人，而政治家也不僅僅是貪汙受賄之人；這兩類市民勾結在一起，他們操縱手裡的權力，控制著銀行、鐵路、工廠，在城市裡享有很高的聲望，且能利用這裡人們的主要傾向，獲取商業資源和贏得人心。這是一場不相上下的比賽。芝加哥已經率先啟動，並總是處於領跑的位置，但是聖路易則具有勇氣、智慧和巨大的能量，給芝加哥造成很大的壓力。從城市的美觀和良好的政府層面來說，聖路易已經超越過去，且有些人認為聖路易已經贏了。但是變化出現了。公共精神變成私人的性情，公共事業心變成私人貪欲。

大約是在 1890 年，這裡的人們開始追逐公共特許權和其他特權，不是為了獲取合法利潤和為公共事業提供便利，而是為了掠奪錢財。哪怕是稍微地、只要能在公共會議上獲得一點利益，大人物們就會濫用權術和策略。那些社會地痞，憑藉著他們的嗅覺，捕捉腐敗的氣味，闖進市議會，驅逐餘下的那些受

人尊重的議員，然後出賣城市 —— 城市的交通、碼頭、市場，以及城市其他所有的資源 —— 現在賣給貪婪的實業家、商人和行賄者。換句話說，當重要人物開始吞食自己的城市時，民眾也闖了進來，在這個槽子裡分吃一點他們能獲得的食物。

於是逐漸出現這種情況：這些市民幾乎沒有意識到這一點。到了聖路易，你會發現他們身上的那種公民自豪感，他們仍習慣吹牛、說大話。他們會告訴你這裡的居民有多麼富裕，銀行的資金有多麼充盈，這裡的工業有多麼重要……然而你看到的，可能是低窪不平、不堪重負的街道，骯髒泥濘的小巷；你會路過一處破敗的、裡面擠滿病人的樓房，並獲知這是一所市立醫院；你走進法院大樓，鼻孔聞到的，是消毒劑的甲醛味道，四處灑下的殺蟲劑，是用來滅蟲子的；你前往新蓋的市政廳拜訪，發現一半以上的入口被松木板子封閉，以遮擋尚未完工的內部裝修。最後，你扭開旅館的水龍頭，結果卻看到像是泥漿的水，流進洗臉盆或浴缸裡。

聖路易特許權授予市議會很大範圍的立法權，而這個市議會是由一個委員會和一個下議院組成的。福克先生的大陪審團中，一個成員對此做過如下的描述：

「我們面對的許多人，曾經是、其中多數到現在仍然是下議院的議員。我們發現他們當中有些人幾乎沒有受過什麼教育，缺乏普通的智力，無法給出更好的理由支持或反對某項提案，

也無法按照大多數人的願望行使權利。在一些議員身上，你找不到意識或美德的蹤跡；在另一些議員身上，你能看出他們素養極差，行為卑鄙，處事狡詐，骨子裡透出那種卑躬屈膝的奴才相，還有他們骯髒的欲望。他們沒有資格對生活的普通需求作出反應，所以根本沒有能力理解一項法令或條例的重要意義。而且，無論是從秉性還是素養方面來說，他們承擔不起法律制定者的職責。選擇這些人來立法，簡直是對法律公正性的歪曲；而把錢給這幫無用的人，就是故意從源頭上毒害法律。」

這些人被很好地組織在一起。他們形成一個「利益集團」——一個立法機構——對此，大陪審團曾經做過如下的描述：

「我們的調查顯示，在差不多整整十年這段時間裡，如果不向立法者送去索討的錢，那些有利於不法商人謀取特許權或經營權的法令或條例，就幾乎不可能獲得通過，極少有例外。市議會兩大部門的組成人員，在人數上足以控制立法。『利益集團』的一位成員得到授權，代表集團行使權利。他負責收受款項，並依據對某項未決議案投贊成票或反對票的價格與每個成員協商，然後進行分配。自從這種做法存在以來，成員們就把如此得到的錢視為立法者正當的額外補貼。」

有一個立法者向律師諮詢，打算起訴一家公司，以便彌補因批准某個專案而欠下的、未付「好處費」損失。不過這樣的麻煩事很少發生。為了保證能按期拿到沒有爭議的收入，「利益集

團」的各個機構會擬定一份進程表，為各種可能的撥款劃定賄賂價格，就像推銷員可以在路上隨時拿出來查看的清單。糧倉的修建，鐵路側線的鋪設，這些都是有價碼的；側線的好處費是按英尺計算，但價格還會因路基的土質情況不同出現變動；街道改造需要花費大量的錢；碼頭泊位則分類，有不同的、精確的估價。正如有有利於立法的衡量標準，當然也就有廢除某項法令的標準。如果出現有人反對的情況，就會對定價產生影響，所謀取的特權是否合法，也會差別對待。但是，不管是批准還是廢除哪項法令，都不會是免費的。議員中有許多人開辦酒店、舞廳 —— 在聖路易，有個惡作劇的人，花錢僱一個小男孩跑進參議院的會議室裡，大聲喊道：「先生，你家的酒店著火啦！」結果會議室頓時幾乎空無一人。即使是附近地區的酒店老闆也得交錢，以便保住自己的地盤，方便做生意，否則就會因客流不足而受到損失。

索賄之風從市議會蔓延到各個部門。他們向商販發放許可證時收費；准許市民在街上樹立雨篷時收費；同意某人占道存放貨物時收費……但他們收取的錢，超過法律規定的額度，而多收的錢，就裝進他們的口袋。市裡的錢以較高的利率貸出去，而賺取的差價，則被轉存到私人銀行帳戶；城市馬車成為市府官員妻子和孩子的專用車；為公共機構供應的食品，出現在私人家裡的餐桌上；為救濟院提供的食品明細帳上，竟然還

包括加利福尼亞果凍、進口乳酪和法國紅酒！一位議員促使一家副食品公司與另一家公司合併，而那家公司的名義股東就是議員的兒子和女兒，並成功地出價買下全市食品供應權，儘管出價超過他的競爭對手。為了對所獲好處給回報，他簽署支持另一位議員獲得獨家承擔全市印製品的合約，而這兩位議員聯手對一項議案投贊成票，致使第三位議員獲得授權，獨家向全市各個藥房供應藥品。

為了能進入議會，人們開始負債，有人甚至欠下數萬美元。有天晚上，一位新當選的議員，乘坐有軌電車前往市政廳。他說，剛才交給司機的一枚硬幣車錢，是他口袋裡剩下的最後五美分。可是第二天，他就去銀行存入了 5,000 美元。州參議院的一位議員向大陪審團坦白，他每年從「利益集團」那裡拿到的純紅利，就有 25,000 美元；一位市議員也承認，他因對一項議案投了贊成票，就得到 5,000 美元的好處費。

行賄和受賄成為家常便飯。一天晚上，有個記者在市政廳的走廊偶然聽到一段對話：

「啊哈！我的賄賂者！」州參議院議員先生說。

「你別動，我的受賄者！」市政委員先生說。「你能不能借我一百美元用一、兩天？」

「現在不行。不過，如果 Z 法案今晚能通過，稍後你在老地方那裡等我。」

「好吧！你這個慣犯，我會去的。」

1898、1899 和 1900 年，是最黑暗的三年。外國公司進入該市，加入到掠奪財富的行列當中。而當地工業因不斷受到敲詐勒索而被逐出。價值高達數百萬美元的特許權和經銷權被授予出去，可是這些公司並沒有花一分錢現金，只是承諾將來會按照條款支付很小的一筆錢。拒絕向敲詐勒索者交錢的幾家公司，不得不離開這裡；市民們越來越明目張膽地掠奪；薪資條上填了不存在的人的名字；改善民生的工作沒有人理會，市政工程的錢被揣進賄賂者的腰包。

一些報紙表示抗議，公正的市民感到恐慌，精明的人發出警告，但是他們誰也不敢進行有效的抵抗。腐敗分子的後面是有錢人和有社會地位的人。由於這些人已經得到某些特權，他們一定會支持和保護搶劫者。廣泛受到陰謀活動傷害的人，往往順從地默默忍受，生怕自己的生意做不下去。有些人的公正和誠實本來不容置疑，他們是負責任和可信任的人，其中有些還是教友和讀經班的老師，但事實上也開始敲詐勒索起他人。而他們的藉口是「大家都這麼做」，如果他們獨善其身，就會自取滅亡。整個體制透過濫發許可和營造繁榮景象而變得寬鬆，如同當年的紐約特威德集團（Tweed）那樣瘋狂，同樣也是不堪一擊。

接著，沒有預料到的事情發生了 ── 一個意外事件。那裡

的人民雖然沒有奮起反抗，但他們的心是不安寧的、躁動的；民主黨領導人希望獲得一些獨立選票，他們呼籲「改革」，並非同尋常地提出一位候選人，以便讓他們的綱領顯得更加可信。這些領導人不是認真的。在這座城市裡，兩大黨的差別也很小，但黨內的惡棍已經撈取戰利品的較大份額，而「在野派」也想發點外財。「賄賂」不是問題，沒有受到揭露，也沒有受到驚嚇，老闆們期待能控制他們推選的人。只是作為整個遊戲的一部分，民主黨提出「改革」和「不再需要齊格恩海因主義」這樣的口號。

齊格恩海因市長，常被人叫做「亨利大叔」，是一位「和藹可親的人」和「合群的人」。儘管正是在他執政期間，這座城市的管理機構變得墮落，開始腐爛，他的政敵也只是對其沒有能力、怠忽職守的行為有所議論罷了，再不就是喜歡一遍又一遍地講述這段趣聞：許多市民抱怨一些街道的路燈不亮，而這位市長則答覆道，「不是還有月亮嗎？」

當有人提名約瑟夫・W・福克任地方檢察官時，領導者們爽快地接受了他。他們對福克這個人了解的其實並不多。福克年紀不大，是田納西州人，曾擔任傑弗遜俱樂部主席，並在 1898 年仲裁鐵路罷工事件。但是福克不願意接受提名。他是民事律師，從未參與過刑事案件的審理，對此也不關心。為公司擔任法律顧問，能有相當豐厚的收入，這更能讓他感興趣。他拒絕

了邀請。委員會一次又一次打電話給他，強烈要求福克多多考慮自己對黨和對這個城市的責任等等。

「好吧！」福克最終說道，「我願意接受提名，但是一旦我當選，我就要履行自己的職責。如果法律要求我懲罰違法者，那就不要試圖對我施加影響，妨礙我執法。」

委員會依照慣例，為候選人說了一大堆好話。在他們的大力推薦下，民主黨候選人當選，福克成為密蘇里州第八地區檢察官。

宣誓就職後的第三週，福克的競選承諾開始承受考驗。針對當時選舉活動中出現的舞弊行為，他開展一系列抓捕行動，指控一些人非法登記選民，其中有共和黨人，也有民主黨人。福克先生將之視為常規的普通刑事案件，將他們一一逮捕。政治老闆們急忙出面相救，他們提醒福克要為黨的聲譽負責，並告訴福克，黨的領導人期待他能站在黨的立場去理解法律，重複投票者和其他一些在選舉中有違法行為的人，曾經為民主黨搖旗吶喊，而且還幫助過福克當上地區檢察官，對這些人，福克應設法免於起訴或盡可能以最低程度作出懲罰。福克這位年輕的律師是怎麼回答的呢？那就最好聽聽巴特勒上校的話吧！這位經驗豐富的政治領導人，出面去找福克談談，出來時怒不可遏地喊道，「這個該死的傢伙！他不就是個檢察官嘛！還以為自己能掌控一切呢！」

選舉舞弊案很快就交由法院審理，沒有寬容民主黨人，也沒有寬容共和黨人。在冬季來臨前，政治領袖的一些走卒、在競選區遊說的一些小政客、一些老資格的黨務工作者，站在法庭的被告席上。接著，福克把注意力集中在受賄者和假擔保人身上，他們很快成為法庭的常客，其中一些吸血鬼，現在還被關押在監獄裡。福克的行動擾亂了這些人的生意，但是福克並沒有就此罷手。

1903 年 1 月的一天午後，人稱「紅頭髮的加爾文」的報社記者撰寫的專欄文章，引起福克的注意。這篇報導不長，大意是為了確保軌道交通法案獲得通過，有人將一大筆錢存入銀行，作為向某些議員行賄的資金。文章沒有提到存錢人的姓名，但是加爾文猜測這筆錢有可能是城郊軌道交通公司存放的。一個小時後，福克先生列出近 100 人的名單，派人送給警長，指示他立即傳喚名單上的人到庭，接受大陪審團訊問。這些人有的是市政委員、州參議院議員、城郊軌道交通公司高階管理人員、銀行行長和庫司。在三天的時間裡，調查行動如火如荼地開展，可是聖路易對此不屑一顧，認為這是一個「大笑話」，因為類似的調查以前就有人嘗試過。那些被傳喚到庭接受大陪審團訊問的人，坐在法院前廳的休息室裡，不斷地說著笑話，而報紙對此的報導也是輕描淡寫，根本沒當一回事。

最初，由於檢察官福克對此案所知甚少，能夠了解到的情

況也很有限，所以調查沒有獲得什麼進展。但是，福克說既然已經看到這裡或那裡冒出來的煙，他就決心找到火。這可不是一件容易的事，打開這個犯罪體系的突破口總是很困難的。除了勇氣和個人信念，福克先生並沒有掌握任何確鑿的證據。他下令發出強制性傳票，傳喚城郊軌道交通公司董事長查理斯‧H‧特納和菲利普‧H‧斯托克立即趕到大陪審團會議室。福克認定斯托克是陰謀家利益集團的代表和這場交易的立法代理人。

「先生們，」福克說，「我有足夠的證據拘捕你們，並向法院送交起訴書，控告你們犯有行賄罪，而且我以最嚴重的程度起訴你們，把你們送進監獄。除非你們能向大陪審團徹底交代，你們是如何利用行賄的方式，來使第 44 號法案獲得通過。我給你們三天時間考慮。假如到時候你們沒有回到這裡，向我們講清楚整個事情的經過，我就下令逮捕你們。」

兩個人看了看年輕無畏的檢察官，一句話也沒說，就離開了法院大樓。福克等待著。兩天後，前州長查理斯‧P‧詹森，一位經驗豐富的刑事律師，找上門來，說他的委託人斯托克先生生病了，無法出庭面對大陪審團。

「斯托克先生生病了，我真的很難過。可是他必須來，這是強制性的。如果天黑之前他不露面，他就會被逮捕。」

那天晚上，詹森辦公室裡舉行了一次會議。第二天城郊軌道交通公司老闆、百萬富翁查理斯‧H‧特納就在大陪審團會議

室講述了整個事件，而菲利普・H・斯托克這個善於交際的中間人，對此作了證實和確認。原來交通公司擔心會被以較大的利益賣給自己唯一的競爭對手聖路易運輸公司，便提議起草一份法案，這就是第44號議會法案。此法案可獲得的政府補貼金數額相當可觀，特納在公司的一次祕密會議上告訴高階管理者們，如果能借助法律方式獲得成功，公司的資產價值就會從300萬美元提升到600萬美元。提案交上去後，特納拜訪了巴特勒上校，因為這個人一直被認為是立法機構的代理人。特納請求巴特勒幫忙讓法案通過，並請他開價。巴特勒答道，「145,000美元，這是我的價格。」特納沒有同意，認為這個價格太高，說要再考慮一下。後來他找到一個要價便宜的中間人斯托克先生。斯托克與州參議院聯席會的一個代表協商後，向特納報告，說打點這裡的賄賂資金，怎麼也得75,000美元。特納先生提交了一份票據，並讓公司裡他信任的兩個董事做了背書，以此為抵押，從德意志美國儲蓄銀行拿到了一筆貸款。

　　口袋裡有了錢，立法機構的代理人便打電話給參議院聯席會代表約翰・K・默雷爾，約他在林肯信託公司的辦公室見面。在那裡，兩人租用了一個保險箱。斯托克先生將75,000美元放了進去，並與默雷爾在一份協議上分別簽字，說好只有他們兩人都在場才可以打開保險箱。當然，銀行的交易日記帳沒有說明這筆資金的用途。斯托克與默雷爾達成的共識是，一旦提案

變成法令，默雷爾就可以馬上提取 75,000 美元，並由他分發給聯席會的代表們。斯托克轉身又去找眾議院。根據他的報告，如果想確保議案獲得通過，需要的錢是 60,000 美元。這些錢被存放在密西西比信託公司的保險箱，鑰匙則交給眾議院聯席會代表查理斯‧H‧克拉茲保管。

一切似乎進展順利，可是將這些錢交由協力廠商保管的幾個星期之後，斯托克先生向雇主報告，說由於埃米爾‧梅森柏格的插手，事情遇到意想不到的障礙。梅森柏格是議會裡的鐵道委員，他阻止了提案的提交。斯托克先生說，梅森柏格持有一家破產公司的股票，已經不值錢了，希望斯托克能按票面價格，以 9,000 美元買下。特納先生給了斯托克 9,000 美元，讓他把這些股票買了下來。

這樣，為了能讓 44 號法案通過，城郊軌道交通公司承諾拿出的錢已經達到 144,000 美元，只比起初巴特勒向特納索討的錢少了 1,000 美元。不管怎樣，法案在參眾兩院的會議上均獲得通過。宣誓忠於職守的城市公僕們完成了他們的工作，伸手去拿賄賂金。

接著，法院授權阻止城郊軌道交通公司透過收買投票人而獲益。法院的舉動讓特納感到惱怒，下令任何人都不准動保險箱。行賄者和受賄者之間的戰鬥打響了。受賄者採用各種策略和手法，希望以此鎮住軌道交通公司的人，迫使他們屈服——

例如將行賄的事公開曝光，為即將到來的起訴製造謠言。這是福克先生看到，並讓他行動起來的第一個調查專案。

當特納和斯托克兩位先生在大陪審團會議室坦白他們行賄的詳細情況，檢察官福克感覺自己已經掌握重大犯罪的證言證據，現在他需要的是物證，證明有兩筆鉅款分別存放在西部兩家較大銀行機構地下室的保險箱裡。這些錢是否被收回了？如果錢還在，他能否拿到？銀行保險箱總是被認為神聖不可侵犯的，只有透過法律方式，才能打開。「我一直相信一個事實，」福克先生說，「從來沒有做過的事，並不意味著不能做。」既然這樣，事關重大，他決定採取非常規行動，所以他挑選了一位大陪審團成員與他一起來到銀行。他告訴銀行老闆，也是他的一個私人朋友，他掌握著證據，請銀行老闆允許搜查賄賂資金。

「這不可能，」那位老闆說。「我們的規定不允許任何人擁有這樣的權利。」

「先生……」福克說，「已經有人犯罪，而你藏匿著罪犯的重要物證。我以密蘇里州的名義命令你帶我們去地下室，打開保險箱。如果你拒絕，我會向你發出拘捕令，控告你犯有同謀罪。」

幾分鐘過去了，屋子裡的人誰也不說話。這時，銀行老闆以幾乎讓人聽不到的聲音說道：

「給我一點時間，先生們。打開保險箱之前，我必須先與我

們的法律顧問商議一下。」

「那我們就等十分鐘，」福克檢察官說。「十分鐘後我們必須進入地下室，否則的話，你就等著拘捕令吧！」

時間到了，大家一臉嚴肅地從銀行老闆的辦公室出來，走向地下室的金庫 —— 銀行老闆走在最前面，後面依次跟著庫司、法律顧問、大陪審團成員、檢察官。當鑰匙插入鎖孔，在場的人都急切地彎下腰。鐵盒子裡，一卷用棕色紙包裹的東西露了出來。檢察官扯下橡皮筋，大面額的聯邦特許銀行鈔票，展現在他們面前。經過清點，數目是 75,000 美元！

賄賂資金被放回保險箱。他們警告銀行工作人員，在法院作出判決之前，銀行必須負責保管這筆錢。接著，檢察官又帶人來到另一家銀行，在這裡他們遇到更大的阻撓。發出拘捕令的威脅在這裡並沒有馬上產生作用，但是看到福克轉身離去，前往法院大樓，銀行老闆這時才慌了神，趕緊派人把檢察官叫了回來，於是第二個保險箱也被打開，從裡面找到了 60,000 美元。證據全部拿到手了。

從那時刻起，調查有了快速的進展。依據法院拘票，參議院和眾議院聯席委員會的所謂代表查理斯·H·克拉茲和約翰·K·默雷爾被捕，並處以重刑。克拉茲被捕時，正在召開一個會，制定自己競選國會議員的計畫；默雷爾則是從他經營的公司裡被帶走。百萬富翁埃米爾·梅森柏格被抓時，正坐在自己

的辦公室裡，一名副警長帶人闖進去，向他宣讀拘捕令，以行賄罪將他銬了起來。亨利・尼古拉斯接到傳票時，正坐在自己的辦公室裡。這位富有的啤酒製造商，不得不找人擔保，以避免在監獄裡度過一夜。艾理斯・溫萊特這個百萬富翁、聖路易陰謀集團的經營者，同樣被揭發出來。而這個消息很快經由電波，傳到埃及首都開羅。州參議院議員朱利斯・萊曼，就是那位在大陪審團會議室候見廳裡肆意開玩笑的傢伙，現在可笑不出來了。副警長在他的肩膀上拍了一下，說道，「你被指控犯有偽證罪。」萊曼與另外一個開玩笑的傢伙福克納一起站到被告席上。

　　賄賂犯罪集團裡的人，個個驚慌失措。一些人連夜搭火車跑到其他州或國外，不過多數人沒有走，湊在一起商議對策。第一批起訴狀返回後的二十四小時內，行賄者和受賄者在聖路易南部開會。與會者的財富總額達到 30,000,000 美元，而他們聯手形成的政治勢力，在通常的情況下，足以操縱聖路易市的任何選舉活動。

　　這個巨大力量結成同盟來對抗福克先生一個人，且這個人現在還是孤軍奮戰。沒等更多的起訴狀返回，提供資金的市民委員會已經成立，即使是在這個時候，多數人還是隱匿自己的真實身分。財務主管詹姆斯・L・布雷爾在法庭上證實，這些人是擔心被別人知道，那樣就「毀了他們的生意」。

在腐敗分子召開的會議上，三項行動計畫得到確定：一、政治領導人負責對付檢察官，要麼允諾將來在個人前途上給予好處，要麼採用恐嚇手法；二、偵探們負責蒐集檢察官過去是否有什麼劣跡，從中找到打壓檢察官的資料；三、把證人們送到城外，給他們一些錢，讓他們待在外面躲起來，等到大陪審團休會時再回來。

福克先生立即感受到壓力，壓力之大，足以讓他心驚。政客、律師、商人、俱樂部會員、教會人員 —— 這麼說吧！各行各業的菁英 —— 紛紛來到他的辦公室或去他家拜訪，敦促他停止與市民對立的行動。如果他能順從，就答應給他政治優先權；如果他抵抗，就把他埋進政治墳墓。接踵而來的是一些恐嚇信，揚言他們準備進行謀殺活動，或組織流氓惡棍上街鬧事，損毀他的形象。田納西州那邊也傳話過來，說偵探正在那裡調查福克過去的生活往事。福克先生告訴政客們，他個人並不尋求得到政治施捨，也不盼望日後能有機會升職，他公開抵制另外一些人的誘惑或恐嚇。與此同時，他更加深入地揭開這個城市的一個個瘡疤。一炮打響為他帶來聲望，加上受賄者們內部亂成一團，福克很快趁機讓這夥人相互猜疑，相互背叛。讓他們稍微感覺到危險的跡象，就會來他這裡「告密」，或向他提供揭發證據。有一位參議員接受嚴格盤問時驚慌失措，緊張得渾身顫抖，假牙掉到地上都顧不得撿起來。詢問一結束，他就飛

快地走出會議室，直接去火車站、上車跑了。

　　沒過多久，福克先生開始徹底整理腐敗集團內部十年來所形成的親密關係，尤其是北部和南部，以及公共交通運輸總公司特許經營權授權的交易情況。與城郊軌道交通公司相比，公共交通運輸總公司的作法甚至更加惡劣，更加不公平。

　　1898 年，一位「發起人」在紳士酒店租用新婚夫婦套房，裡面裝滿各種名牌紅酒、白酒和雪茄，後來在大會期間，這裡成了類似候選人總部的地方。這位「發起人」尋找一切可能的機會，結交立法機構成員和議員，以及對市政府主要成員有影響力的政治領袖。這個人來到這裡兩個星期後，公共交通運輸總公司議案「應其請求」，被提交議會審議。這項議案含有一攬子特許經營權，授予其線路開通，並允許受益人在市內平行鋪設任何一條軌道，而許多成立已久的公司，從未獲得這樣的優惠。儘管市裡各大報紙紛紛抗議，這項議案在參眾兩院還是都獲得通過，只有一個人 —— 市長，行使了否決權。此時「發起人」已花費 145,000 美元。

　　為了推翻執行者的否決而使議案通過，他們做了許多準備。新婚夫婦套房重新裝進名貴禮物，大筆的資金被存入銀行，為他們服務的三名立法機構代理人也物色好了。聖路易法庭現在掌握的詳細證據，列出 250,000 美元賄賂資金的使用情況。證人的誓言證明，75,000 美元被用在州參議院。餘下的錢

被分發給議會的一些成員，這些人儘管人數不多，但由於在商界和社交界有很高的地位，且十分看重自己的名譽，所以索討的價格也高。最後，為了達到在參議院獲得規定的三分之二票數，他們還需要一張票。為了確保通過，考量到在法案被提交進行最後表決時，他會投贊成票，他們給一位以誠實廉潔而聞名的市政務會委員 50,000 美元。但「發起人」不想把寶押在一個人的票上，所以他向另一個誠實的成員開出條件，而這個人接受了：

「你在唱名投票時跟在某某先生後面，我將把 45,000 美元交到你兒子手上。如果某某先生沒有遵守承諾，而你不得不投贊成票，這筆錢就是你的。但是如果那位先生堅決要求通過，你可以投反對票，不過那筆錢你得歸還給我。」

那天傍晚，當議案就要宣讀完畢時，市政廳裡擠滿了政客的走卒和隨從。這些人是「發起人」按每人五美元或十美元僱來的，要他們為那個受賄的議員吶喊打氣。議案迅速地在眾議院獲得通過，所有人都湧進參議院。唱名投票開始後，會議室裡是一片深沉的寂靜，因為大家都知道，參議院有些議員的名聲還沒有被玷汙過，但是今天晚上卻要信守承諾，捨棄自己的名譽。當票數還未達到三分之二時，那些一直在計算票數的人知道，就差一張票了。又一個人的名字被喊了出來。被叫到名字的人，臉上一陣紅一陣白，遲疑了一會，才小聲說「贊成！」會

議室裡死一般寂靜，所以在場的人都聽到他的聲音，而那些靠得近的人，還聽到了另一個人如釋重負的嘆氣聲，因為他這個時候可以投「否決」票了，從而保住自己的名聲。

越過市長的否決，總公司特許經營權議案成為法律。為了確保獲得此項立法，「發起人」花費差不多 300,000 美元。但不到一個星期，他把自己的線路權轉手賣給「東部資本家」，獲得 1,250,000 美元。聯合鐵道公司隨之成立。沒有一寸鐵軌，沒有一塊車廂木板，他們卻能迫使聖路易市除城郊公司之外每一個擁有軌道交通線路權的公司賣出股份，交出經營權，同意合併。現在的聖路易交通公司就是這麼發展起來的。

此次立法會議之後又發生幾件事情。在議會休會期間，「發起人」拿出 50,000 美元，在一家豪華飯店款待市政委員。宴席上，主人對他的客人說，「希望你能借我 50,000 美元，明天還你。外邊有許多夥計，我還沒有付錢給他們。」錢就這樣轉手了。第二天，一直沒有等到「發起人」，借出錢的市政委員先生帶著一支左輪手槍，開始在一些賓館尋找。找遍整個聖路易城也沒有找到，可是這位憤怒的先生並未就此罷手，他繼續尋找，終於在紐約市一家豪華賓館的走廊裡，堵住「發起人」。這個紐約人見情勢不妙，趕緊上前抓住市政委員的手臂，撫慰地說道：「好啦！好啦！不要這樣子嘛！我是有事才突然離開的。來吧！我們一起吃晚餐，我會把錢還給你。」

市政委員先生接受邀請，兩個人的酒杯倒上香檳酒。當來自西部的這個人變得非常傷感時，「發起人」遞給他一封信，這是他趁離開酒桌的幾分鐘裡，由他口述，打字員列印出來的。信中的聲明，否認了所有賄賂行為。

「發起人」說，「你在這上面簽個字，我會給你 5,000 美元。拒絕的話，你一分錢也拿不到。」那個聖路易人帶著 5,000 美元回家，這件事就此了結。

不過在此期間，「發起人」與其他分肥者的關係，處理得就沒有這麼好了。根據前面提到過的協定條款，如果那位市政委員不必非得投下贊成票，他兒子就應當按照約定，退回 45,000 美元。議案通過第二天，「發起人」找到了那個年輕人，要他把錢退回來。

那個兒子冷冷地反駁道：「我不想把錢退給你。我媽說了，這是行賄的錢，無論是退給你還是交給我父親，都是錯的，所以還是由我拿著好了。」他說到做到。當他被傳喚到大陪審團面前時，年輕人請求，如果回答質詢，是否可以解除他的罪責。他說，「我擔心自己可能犯有偽證罪。」有陪審員勸告道，「說出實情，你不會有什麼風險的。」

那個兒子說：「假如福克先生告訴我，其他傢伙都已做了證實，我會說出真相。請福克先生先說。」

交通總公司議案的調查結果，導致又發出兩份起訴書，法

院拘票落到了羅伯特·M·斯奈德和喬治·J·科布希頭上。州檢察院指控斯奈德為議案發起人之一，斷定他犯有行賄罪；而身為有軌電車製造公司董事長的科布希，則被指控犯有偽證罪。

審理的第一個案子是埃米爾·梅森柏格案。這位百萬富翁強迫人購買他沒有什麼價值的股票。為他辯護的是三位在刑法體系享有盛譽的律師，但年輕的檢察官同樣有能力對付緊急局面，終於以確鑿的證據判定埃米爾·梅森柏格有罪，入獄服刑三年。查理斯·H·克拉茲，議會候補議員，因外逃喪失了40,000美元，而約翰·K·默雷爾也不見了。福克先生追查到默雷爾躲在墨西哥，並在瓜達拉哈拉將他逮捕。儘管與當地相關部門的談判引渡事宜一開始沒有獲得成功，但他一再努力地堅持進行協商，終於將默雷爾帶回國內受審。9月8日，默雷爾的供詞直接導致市議會18名成員被控有罪。第二個審理的是朱利斯·萊曼案，他被判服苦役兩年。這位當初帶領一夥人在大陪審團會議室起鬨的傢伙，如果聽到這個宣判，而且沒有一個朋友站在他這邊，保證會昏倒在地。

除了給這些人和其他一些在社會上地位較高的人定了罪，還有一些人外逃，合作夥伴關係土崩瓦解。一些公司不得不進行重組，許多商行紛紛關門，因為老闆已經不來了，但福克先生並沒有因為獲得成功或受到挫折而罷手。他繼續深入地開展自己的調查；他沒有被勝利沖昏頭；他沒有感到悲傷。這個檢

察官仍然迅速地、堅定地、面帶微笑地堅持自己的工作，無所畏懼，無所顧忌。恐慌的氣氛蔓延開來，犯罪集團全面潰敗。

當另一個大陪審團宣誓後開始聽取證詞時，有數十人舉起手來喊道，「是我的過失，我應負責！」並懇求允許他們說出自己所知道的一切，以此求得免於起訴。詢問的範圍進一步擴大。有人告發，前任市長的兒子在擔任父親的私人祕書期間濫用職權，胡作非為，於是大陪審團提議，前市長應該在民事法庭受到起訴，以便收回他裝進自己口袋裡的公款利息。依據陪審團簽署的一項項正式起訴狀，更多議員被抓了起來，罪名是與城市訂立非法合約。最後，斧頭砍向林子裡的最大一棵樹。巴特勒上校，控制聖路易選舉多年的首領，一位從鐵匠鋪裡拉風箱的小夥計成長起來的大富翁，是密蘇里州州長的製造者和操縱者，也是舉薦並幫助福克當選的主要人物之一 —— 同樣被指控犯有兩項受賄罪。人們很早就知道，這個巴特勒一直控制著聖路易的立法機構。通常認為，許多宣誓就職的議員，早在進入州眾議院之前，就是巴特勒的人，所以巴特勒並不需要為選票付錢。公開受賄現在已經是確鑿無疑的指控。衛生部門的兩位官員在法庭上證實，為了讓他們批准一份垃圾處理合約，巴特勒曾給他們 2,500 美元。

令人可憐？是的，但也很典型。其他城市如今的狀況，與福克先生應邀調查腐敗問題之前的聖路易完全相同。芝加哥正

在進行自我清理；明尼亞波利斯也是如此；而匹茲堡最近則冒出一樁賄賂醜聞；波士頓目前處於平靜狀態；辛辛那提和聖保羅感到滿意；費城則對世界上最糟糕的政府感到愉快。至於那些小一點的城鎮，多數都在為掠奪戰利品而忙得團團轉。

其實，儘管出現這樣令人感到恥辱的事，聖路易具有極大的優勢，這種優勢後來得到展示。在其市民自甘墮落腐敗之前，這座城市並沒有一次次進行革新，染上什麼壞的風氣。但是，最好的是，把聖路易翻了個底朝天的這個人，可以說是把整個事情顛倒過來。在所有城市中，較好的階層 —— 商人們 —— 是腐敗的根源，但這些商人的行為很少被追蹤或查獲，所以當麻煩出現時，我們並沒有完全意識到是怎麼回事。因此，大多數市民往往指責政客和那些無知而邪惡的窮人。

福克先生已經向聖路易展示這座城市的罪惡之源 —— 就是那些披著銀行家、經紀人、代理商、企業管理人這樣外衣的實業家和商人 —— 所以從一開始就該讓人們知道市政問題的真實情況。利用公眾精神這個傳統也許可以打倒巴特勒，以及逃跑的銀行家、經紀人和陰謀家，不必顧忌，或者說不用在乎藍皮書、紅皮書和教堂註冊簿登錄的那上百名名人，因為他們隱藏在法定時效的後面，這座城市也許可以恢復好的政府。不然的話，福克先生揭露出來的腐敗現象，其結果卻只會是腐敗體系的完善，因為貪贓舞弊的人有了教訓，而市民們卻不會接受教

訓。紐約賄賂犯罪集團體系的垮臺，讓坦慕尼派學會了組建其賄賂生意；對員警的揭露則促使他們學會如何改進敲詐勒索的方法和手段。坦慕尼派和員警體系現在幾乎可以說是完善和安全的；聖路易的流氓和無賴也學著採用類似的對策。他們集中控制自己的行賄體系，把許多弱的、與他們分享利益的同夥排除在外，為了少數一些值得信賴者的利益，把生意當做生意做下去。檢察官傑羅姆抓不到坦慕尼派的人，而檢察官福克也沒有能力再次打破行賄、受賄所形成的圈子。這是聖路易的一個大機會。

但是，對我們其他人來說，聖路易的問題並不一定比巴特勒上校等人的問題更為要緊。關鍵的是，聖路易發生的事情同樣在大多數其他城鎮和鄉村發生著，美國許多城市的政府問題並沒有得到解決。人民也許對此感到厭倦，但是他們沒有放棄 —— 至少現在還沒有。

明尼亞波利斯市的恥辱

　　在美國，無論什麼時候、哪個城市的政治發生非同尋常的事情，無論是好事還是壞事，你總是會追蹤到一個人身上，幾乎沒有例外。這樣的事不會出在人民身上，也不會是「犯罪集團」、「聯合體」或政黨，因為他們只是一些工具，是老闆（不是領導人，美國人不是被領導，而是被驅動）用來統治人民的工具，通常情況下，他們還會出賣人民。但至少存在兩種形式的獨裁政治，已經取代了這裡的民主政治，就像美國各地都在試圖採用民主政治。一種是控制有組織的多數，就像費城的共和黨機器；另一種是巧妙地管理少數。「好人」被集中到政黨，麻木地接受一些信念，為他們的政治面貌貼上標籤，共和黨或者民主黨；而「壞蛋」則被老闆組織起來，引發他們的興趣，所以老闆可以利用這些人的選票強化與政黨領袖的關係，決定選舉的結果。這樣看來，聖路易顯然是這種形式的典範。明尼亞波利斯則是另一種形式。巴特勒上校是一個肆無忌憚、不講道德的投機分子，他操縱無黨派少數，而這幫人則把聖路易變成一座「賄賂之城。」在明尼亞波利斯也有這種人物，他就是埃姆斯醫生。

　　明尼亞波利斯是一座新英格蘭城市，位於密西西比河上游地區。作為西北的重要中心城市，它也是美國挪威人和瑞典人

的都市。實際上，它是世界上第二大的斯堪地那維亞城市。但是，直接來自新英格蘭的美國佬在這座城市定居下來，他們的新英格蘭精神占據了主導地位。定居初期，他們就請貝爾德‧泰勒在這裡講課；他們讓這裡成為明尼蘇達大學的所在地。然而，即使是現在，當這座城市的人口發展已經超過 200,000，你仍然能感覺到這裡的西域風情──美國佬長著清教徒的圓腦袋，有著大草原般的寬闊胸懷和高大的斯堪地那維亞人身軀。「圓腦袋」清教徒則將「方腦袋」的北歐移民帶入樹林，砍伐樹木，或他們走進大草原種植小麥，並把麥子磨成麵粉，一車一車運出去。他們努力工作，努力賺錢；他們頭腦冷靜，容易滿足；他們忙著做自己的事情，沒有更多時間參與公共事務。總之邁爾斯人、漢斯人和奧利人這些北歐佬已經美國化了。邁爾斯人堅持嚴格的法律，奧利和漢斯希望有一兩個斯堪地那維亞人代表他們成為候選人。這些事情得到了准許，他們乘坐筏子或開著收割機工作去了，留下的人，不管是誰吧！來加強法律和管理城市。

留下來管理城市的人，首先最不喜歡的，就是嚴格的法律。他們是一些遊手好閒的人、酒吧老闆、賭徒、投機者、罪犯和那些不知節儉的窮人，無論是哪個民族的人。出於對保守、勤勉社會生活的冷靜和節制的抱怨，加上沒有愛爾蘭人的領導，他們高興地追隨天性快樂、有著開拓精神的埃姆斯醫

生。這是一位「熱忱而令人感到親切的人」—— 一個和善、慷慨的惡棍。政客特威德集團，以及其他一些犯罪集團，都沒有能力展示出這種和藹可親的人物形象。埃姆斯「醫生」身材高大、腰板挺拔，是一個快樂的、很有吸引力的人，人們為他的笑容而把票投給他。他代表著特許。他身上沒有一點清教徒的影子。他的父親艾爾弗雷德・以利沙・埃姆斯是老一輩的拓荒者，身體強壯，具有濃烈的清教徒氣質，帶領六個兒子舉家從伊利諾州的大草原遷移到斯內靈堡這片自然保護區。1851 年，那個時候明尼亞波利斯市還沒有建立起來，兒子埃姆斯也只有10 歲，雖然生活艱苦，但他很有忍耐力，自由自在、無拘無束地一天天長大。他先是被送到學校讀書，接著去芝加哥一所醫學院，二十一歲時獲得醫學博士學位，回到家鄉當醫生。由於這座城市是由很清醒、很富裕的人管理，「醫生」的生活也很快活，他也變得越來越慷慨大方。他不僅是一位醫術很好的外科醫生，也懂得內科，為人和善，又有奉獻精神，他不斷提高自己的業務水準，很快成為這裡最受愛戴的醫生。他尤其特別關照窮人，無論什麼時間，無論有多遠，誰都可以召喚這個醫生出診。他從不拒絕，不僅給患者必要的醫治，同時還帶著他的同情和慈善。他對一些貧困的患者說，「比你有錢的人會為你付醫療費的。」所以這為埃姆斯建立廣泛的人際關係，打下了很好的基礎。這樣的基礎現在仍然存在，這些良好的夥伴不是騙子 —— 至少一開始時不是。

　　但是這種關係有時表現出埃姆斯的另一面。他不僅僅是為病人和窮人帶來溫暖，對一些品行不端和墮落的人，他也是非常關懷。如果哪個人喜歡喝酒，這位好醫生就會請他再喝一杯；如果哪個人偷盜了什麼，醫生會幫他從監獄裡出來。他天生就是一個自負的人，愛慕虛榮；隨著名氣越來越大，他更加喜歡得到別人的認可和讚許。他放蕩不羈的生活方式，引起正派人們的不滿，所以醫生開始逐漸變得喜愛享受在酒吧間和大街上度過的時光。在這個圈子裡，身為醫生，他受到許多人的奉承和崇拜，從而也促使他積極參與政治，登上政治舞臺。

　　假如他聰明一些，或機靈一點，他也許能讓自己真正成為一個實權人物。但是他並不是一個深謀遠慮的人，只是一個輕佻、無聊的人，所以他沒有組織自己的力量，讓他們競選公職。他一開始時也曾為自己尋求一官半職，透過轉換黨派，他抓住機會，得到一些他想得到的位置，但卻是微不足道的職位。他的不固定少數派，加上通常的黨派選票，一般說來，足夠幫他獲得一些小勝利，只是這些勝利其實也沒有什麼意義。隨著時間的推移，他從較低的位置爬了上來，成為共和黨的市長，期間還曾兩次擔任民主黨的市長；他曾有一次被推舉為國家議員的候選人；根據平民黨和民主黨的聯合提名，他曾獲得競選州長的機會。然而，離開他所在的城市，埃姆斯什麼也得不到，所以當他三屆市長任期屆滿時，人們認為他的政治生涯

也走到盡頭，他年紀大了，身體也不行了。

　　與許多「好人」一樣，埃姆斯在城裡結交許多形形色色的朋友，可以說是三教九流，無所不交，經常與這些忠誠於他的朋友在一起吃吃喝喝，而這位好醫生也因此冷落了自己的家人。他公開與妻子分居，在外邊又買了一處住宅。1900 年大選前不久，他與家人的緊張關係達到頂點。他的妻子死了，家庭葬禮上本不應該出現父親，可是他卻出現了 —— 但不是在家裡，而是出現在大街一輛四輪馬車上。他坐在對面，翹著腿，嘴裡叼著雪茄，等候送葬人群出來；接著他帶人圍攏上去，與送葬人群正面對峙，並穿了過去。所造成的場面，也許完全能毀了一個人的事業。

　　但此事卻阻擋不了埃姆斯。人民剛剛通過新的基本法，直接建立民選政府。不再有按照慣例的提名。投票者應當把票投給自己政黨的候選人。由於某種疏忽，基本法沒有規定共和黨員只能把票投給共和黨候選人；民主黨人只能把票投給民主黨候選人。投票人可以把票投給任何一方的候選人。埃姆斯，由於他在民主黨內聲名狼藉，便吩咐自己的追隨者，投票支持他成為共和黨的市長候選人。追隨者們照辦了，不過並非所有共和黨員都投他的票。埃姆斯獲得提名，可是提名遠不是選舉，所以你也許會說，這種小把戲幫不了埃姆斯的忙。但是那一年適逢總統大選年，所以明尼亞波利斯人民不得不把票投給共和

黨市長候選人埃姆斯。再說，埃姆斯承諾一旦當選就進行改革，他年紀大了，希望自己能以很好的業績完成市長使命。然而，更有效的理由是，既然麥金利（William McKinley）必須當選總統，以挽救國家，那就必須支持埃姆斯當明尼亞波利斯市長。為什麼？偉大的美國人民不能被相信把候選人的名字劃掉。

就這樣，明尼亞波利斯把老市長召喚回來，而他真的開始「實施改革」。到了這個時候，埃姆斯本人還沒有特別貪贓枉法。他是一個「揮霍者」，不是一個「受賄者」。而且他對主要通過代理人而造成的腐敗現象感到內疚。他拿走了榮譽，把贓物留給他的追隨者。他的管理差得不能再差了。然而，他現在開始加速自己的腐敗進程，從其審慎態度、捏造手法和貪婪程度方面看，還無人能比。他似乎打定主意，自己已經習慣過那種無憂無慮、自由自在的日子，所以有意在自己的最後任期內，讓自己更加富裕一些。

剛剛當選，還沒有到正式就職的日子（1901 年 1 月 7 日），埃姆斯就組建了一個班子，並擬定計畫，把城市管理部門的事交給一些不法之徒，讓他們在市警察局的領導下展開工作，他從中撈取好處費。他讓自己的弟弟弗雷德‧W‧埃姆斯上校當警察局局長。他弟弟曾在菲律賓服役，因受到嫌疑而被解職，回到明尼亞波利斯不久。可是這個弟弟是不可依靠的人，於是埃姆斯挑選一個能幹的人充當偵探長，幫助處理棘手事務。這個

人就是諾曼‧W‧金，以前曾是個賭徒，非常清楚警方需要什麼樣的犯罪分子。金打算把明尼亞波利斯的盜賊、騙子、扒手和賭徒糾集起來，並釋放一些關在當地監獄的犯人。這些人按照各自的行當，被分成一個個小組，並指定偵探，分別進行幫助和指導。賭博幫的首領負責大小賭場的管理，規定管理費，撈取錢財，就像金從盜賊手裡收取好處費一樣。城裡妓女管理的事，由歐文‧A‧加德納負責，他本是埃姆斯診所的醫科學生，由於具備一定的醫學專業知識，便成了警察局的特殊警官。這些人還負責督查整個員警隊伍，從中挑選可以信賴的人，根據查扣款項的數額付給他們好處費，並進行評分，將 225 名員警中的 107 名員警解職。而這 107 名員警在市民看來，一直是非常優秀的人。然後對警力進行重組。約翰‧皮奇，人稱約翰咖啡，一個維吉尼亞州人（為傑弗遜‧戴維斯陪審團服務），也是臭名昭著的咖啡館老闆，被選來當警察局的一個隊長，他沒有別的義務，就是替員警賣地盤。

就這樣，他們按照計畫開始行事 —— 不過他們做的遠遠超過打算做的。城市管理部門隨著員警隊伍的改革而變得公開。關在當地監獄的一些盜賊被放了出來，形成明尼亞波利斯的「地下世界」，暗中做這樣或那樣的罪惡勾當。新來的騙子向金和金的手下請示報告，然後繼續工作，將「贓物」上繳給直接管理他們的偵探。賭博活動公開進行，妓院和酒館等一些非法經營場

所越開越多，並得到加德納這個醫科學生的格外關照。但這些還不夠。埃姆斯還公然打破城市管理部門體系，為賣淫、嫖娼場所提供保護。

真的有這樣的事情。明尼亞波利斯有非常嚴厲的法律，禁止賣淫（儘管不可避免），但後來逐漸允許妓女在一定條件下從事這項活動。法律限制 —— 被稱為「巡查線」—— 得到了規定。在法律條款的限制下，沙龍也被允許開業。這些沙龍沿著河岸一家挨著一家，穿過商業區，宛如張開的雙臂，擁抱斯堪地那維亞區域，從南到北。賭博活動也受到限制，但是更狹窄一些。還有一些限制，同樣是武斷的，但也不是和限制賭博完全一樣，那就是一些社會醜惡活動得到允許。但是這個方案的獨特之處在於，這些非法經營的酒館、妓院等場所，實際上是由市頒發許可證，妓女每月在市法院的辦事人員面前出現一次，繳納 100 美元「罰金」。起初，埃姆斯無法撈取這筆「錢財」，他的得力幹將加德納便勸說從事賣淫的婦女開辦小旅館，經營公寓、出租客房，或者開糖果店、食品店之類的門市，前臺可以把糖果賣給小孩，或把菸捲出售給「伐木工人」，後面就可以從事不法的性交易。這樣她們就可以把好處費交給埃姆斯，而不是市的司法管理部門。「城市管理部門改革」所關注的，正是這些發財之道。

從這些財源收取的稅收數額一定相當大，這越發刺激市長

和班子成員的貪欲。他們給予賭博活動特許權，不受地點和「場地」限制，城市管理部門只要願意，就可以作弊和敲詐。商販和當鋪老闆，以前由市頒發許可證，現在得花錢從市長在這個領域委派的代理人手中領取。大約 200 臺老虎機被安裝在城裡的各個角落，由機主和市長派去的人監管和收錢，埃姆斯一年可拿到 15,000 美元。他們設立經由拍賣進行詐騙的拍賣行，保護下流場所和未經許可非法經營的酒店（俗稱「瞎豬」）。加德納甚至組建一個棒球隊，每逢比賽就強行向業主們攤派球票，不買不行。不過，最容易的，還是從妓女們那裡弄錢。她們被迫訂購指定的一些報刊書籍，還需經常向警官們送錢、送禮，比如珠寶之類的禮物，另外還有錦旗和金星獎章。可是她們還得把錢以罰金的形式上繳市裡，一年大約 35,000 美元。此事讓市長感到惱火，最後他決定伸手從中拿到分成。他出面發表聲明，還是扮演被壓迫人們的朋友角色，說這些妓女要每月交錢，的確太多了，要求她們每兩個月交一次就可以了。市長的舉動讓城裡的人感到困惑不解，後來才逐漸知道，其他幾個月的錢，被加德納拿走，交給市長了。然而，這個部門最後的蠻橫惡行，卻是市長下令讓醫務人員定期查訪酒店、妓院等場所，每次罰款 5 ～ 20 美元。市長任命的兩名醫生，只要願意就可以隨時查訪，而且越來越頻繁。直到後來，這種查訪純粹變成一種形式，唯一的目標就是收罰款。

　　整體說來，這樣的生意已經廣為人知。此種狀況沒有引起市民的關注，但是卻引發犯罪分子的興趣，越來越多盜賊、騙子迫不及待地跑到明尼亞波利斯。其中一些人找到員警，並與員警達成協議；還有一些人是被員警找到的。員警邀請他們參與一些活動，這座城市有許多地方需要他們這樣的人。一座城市的政府，請犯罪分子參與掠奪人民的錢財，這個令人震驚的事實，在這裡完全得到確立。員警和罪犯分別對此供認不諱，他們的供詞在許多細節上十分吻合。諾貝克偵探作出安排，把一些騙子介紹給加德納，而加德納越過自己的頂頭上司金，從這些騙子手裡拿錢。這裡有一個故事。「警棍」愛德華茲，一個喜歡戴著棒球手套的傢伙，在法庭上講述自己在明尼亞波利斯所受到的招待：

　　「我一直外出，去了海邊的一些地方，好久沒有見到諾貝克。回來之後，有一天傍晚，我坐車前往明尼亞波利斯南部看望一個朋友，正巧諾貝克和德萊特爾偵探也在車上。當諾貝克看到我，便走過來與我握手，說道，『嗨，你現在怎麼樣？』我回答說，『不太好。』這時他說道，『自從你走後，這裡的情況發生了很大的改變。我和加德納如今是這裡的重要人物。在你離開前，他們以為我什麼都不知道，但是我略施手法就達到目的，我為他們帶來許多好處。』我說，『真的為你高興。』他說，『我這裡有重要的事情需要你來做。我會為你安排一個合適的位

置。』『那太好啦！』我說，『但是我怎麼有點不相信。』『啊！聽我的沒錯，』他答道，『我們會給你好處的 —— 我和加德納。』『那好吧！如果你能給我事做，』我說，『你們要用多少錢僱用我？』他問道，『你要多少？』我說，『每週 150 或 200 美元。』『那麼就說定了！』他說，『我帶你去見加德納，我們一起把事情安排下來。』第二天晚上，我們按照約定見了面，然後一起去加德納的家。」

到了那裡，加德納大致講了一下生意，並把抽屜拉開，讓愛德華茲看了看裡面裝滿的錢，開玩笑地問愛德華茲是否願意得到這些錢。愛德華茲說：

「我說，『錢對我來說可是好東西』，而加德納告訴我們，這些錢是他及其手下，從妓女那裡罰款收來的，等『老頭子』明天外出打獵回來後，就轉交給他。事後他告訴我，市長拿我們的 500 美元後非常高興，他說一切都進展順利，我們可以繼續這麼做下去。」

「協調人」克羅斯曼，與愛德華茲在一起的另一個騙子，則說道，一開始加德納為市長索討 1,000 美元，但後來經過協商，答應給市長的錢為 500 美元，加德納 50 美元，諾貝克 50 美元。至於警察局長，他們不時地送上 15 或 50 美元給他。「我們運行的第一週，」克羅斯曼說，「我給警察局長 15 美元，是諾貝克帶我去那裡的。我們握了握手，我把一個裝著 15 美元的信封遞給

他。他從信封裡抽出一張紙條，那上面列的是一些人的名字。他說，他想讓我陪著一起去走訪這些人，並詢問一些酒吧、妓院、賭場的位置。還有一次，我見他一個人正站在市政大廳的走廊裡，便走過去悄悄塞給他 25 美元。」依照最初定的「500美元索價」，這些較小的開支，一一記在「棒球手套」的分類帳上。這個罪惡的帳本由查理・霍華德保管，他也是「棒球手套」犯罪集團的成員。這個帳本在隨後的審判中，是重要的物證，但是在市長本人接受審判之前，被藏了起來。「棒球手套」賭局是透過有人在賭牌上做手腳而騙取錢財的。「招徠賭客的人」和「幫腔的人」在大街上、賓館裡和火車站尋找容易受騙的人，獲得他們的信任，然後把他們帶到「賭場」。通常，根據輸錢的多少，「上當的賭客」被叫做「102 美元賭客」或「35 美元賭客」。羅曼・邁克斯這個人就是個例子，在明尼亞波利斯所有上當受騙的賭客中，他很有代表性。輸掉 775 美元後，他就一直堅持不停地抗議和抱怨，並因此而成為名人。對諾貝克偵探來說，他被分配的任務，就是負責站在街口聽一些人的抱怨，並「威脅他們」。他會說道，「啊！這麼說你是在賭博？嗯？那好吧！你還是馬上離開這個城市。」有時候他會陪這些人去車站，把他們送走。如果這樣還不能打發他們，他就把這些人帶到警察局。警察局長弗雷德・W・埃姆斯便會讓他們乾坐在候見廳裡，試圖用這種方式使他們精疲力竭。如果這些人還不肯走，他就出來嚇唬他們，警告這些人沒有許可參與賭博活動，會受到這樣或

那樣的懲罰，那會很麻煩的。邁克斯希望終止他的支票兌付，曾當過銀行職員的弗雷德‧W‧埃姆斯就會說他有在銀行工作的經歷，然後厚顏無恥地說道，這樣的支票不可能被終止兌付。

盜竊成了司空見慣的現象。員警參與謀劃的盜竊有多少次，永遠也不可能被人知道。查理斯‧F‧布拉克特和弗雷德‧馬隆偵探，兩個人都是隊長，就非常活躍，他們最出名的犯罪，就是搶劫藍帶啤酒釀造公司的辦公室。他們說服兩個人，其中一個是公司的內部員工，設法弄到保險櫃的密碼，並在一天夜裡，把保險櫃打開，拿走裡面存放的所有財物，而兩個警官則站在門外為他們警戒。

市政管理過分荒唐的行為逐漸臭名遠揚，城市管理部門的一些成員與另一些成員一起提出抗議，某些郡官員也真誠地對此現象表示驚恐。郡治安官梅加阿登，他本人並不是清教徒，感覺自己受到約束，不得不加以干涉，便抓了一些賭棍。埃姆斯的人氣急敗壞地大聲責罵梅加阿登，他們控告他濫用職權，在郡裡亂收費，並把證據呈給州長范桑特，要州長把梅加阿登撤職。埃姆斯花錢賄賂兩名郡政委員，請他們任命加德納為郡治安官，以確保他們在這個崗位上不再遇到麻煩。他們這招沒有得逞，但這個教訓卻讓梅加阿登學會如何消除誤會，而強取豪奪的事像以往一樣不計後果地繼續出現，變成不可阻擋的趨勢。

　　儘管如此無法無天，還必須加以調整。埃姆斯醫生，從來就不是一個組織者，試圖不受控制，而他的追隨者開始內訌。他們相互欺騙；他們打劫盜賊；他們打劫埃姆斯本人。市長的弟弟這時對自己所獲取的贓物份額感到不滿，並與幾個隊長結成小集團，由他們陰謀策劃管理，設立酒吧、妓院、賭場等非法經營場所，在警察局內部玩起「猜謎遊戲」，並進行各式各樣的受賄活動。

　　只有一個人忠誠於市長，他就是加德納。於是弗雷德・W・埃姆斯聯手金隊長和幾個同夥，想方設法讓他失去市長的寵愛和信任。現在，如果哪個人能有機會單獨和市長待在一起，他就能從市長那裡得到自己想要的東西。弗雷德・W・埃姆斯小集團找了一個時機，他們在市長耳邊吹風，讓市長懷疑加德納，並擔心加德納揭發自己，進而誘使市長找了一個叫雷迪・科恩的人取代加德納，收取和支付所有罰款，但不是直接的，是透過弗雷德。加德納動情地哀求市長，他對市長說，「我一直對您忠心耿耿。我把收到的錢都交給了您。您的弟弟和他手下的幾個人，是想搶奪您的錢。」加德納說的完全是實話，可是市長卻沒有聽進去。

　　實權最終落入弗雷德・W・埃姆斯手裡，而他本人也四處走動，讓大家知道所出現的變化。當他查訪妓院時，有三個偵探與他在一起。後來，有位妓女一遍又一遍地在法庭上講述自己

的遭遇：「埃姆斯上校與偵探一起走了進來。他把我帶到一間側室，問我是否向加德納繳納罰金。我告訴他是這樣沒錯，他就對我說以後不要再這麼做了，可以去辦公室找他，那時就會讓我知道該怎麼做。不到三個星期，科恩打電話給我，要我去一趟，我就去了市政廳。我詢問是否可以把罰金交給科恩，局長說完全可以。」

與舊的相比，新的人事安排運轉得並不順暢。科恩是一個受人壓制的收款人，而他所依靠的弗雷德・W・埃姆斯又是一個軟弱、寬容的人。這位局長甚至不確信自己掌控著警察局。他手下的一些隊長，沒有了加德納的制約，開始暗中挖警察局長的牆角。他們越來越多人做起自己的營生。一些偵探開始大吃大喝，怠忽職守。諾貝克對「棒球手套」成員的胡作非為感到焦慮，只好逐漸遠離這些人，於是犯罪集團裡有人向弗雷德抱怨，說諾貝克的壞話。局長指責諾貝克，而諾貝克承諾「做得更好」，但是當他拿到錢，不是週薪，而是按受騙的人數 —— 就是「修剪過的賭客」的人數 —— 抽頭，並逃離出這座城市。受保護的騙子因在街上拉客而被「咖啡約翰」新招募的員警逮捕，這些員警取代了那些粗心大意的偵探。當被抓起來的、憤憤不平的人帶到了弗雷德的面前，他把這些人放了，但是抓人的事令人煩惱，不方便，也干擾他們的生意。整個員警隊伍士氣低落，各懷鬼胎，做著自己有利可圖的勾當。甚至盜賊中的傳統

榮譽感也沒有留下。

　　就在這個關口，1902 年 4 月，大陪審團夏季任期開始啟動。這是一個由未經當局挑選的市民組成的普通團體，並不直接從法院那裡接受什麼特別的指示，郡檢察官只是讓這個組織做一些常規事務。但這個陪審團裡有一位勇士 —— 陪審團主席霍弗·C·克拉克。他出身於一個新英格蘭的傳統家庭，十七年前，在他還是個年輕人時，來到明尼亞波利斯。為了找到工作，他奮鬥過；為了自己的地位，他與老闆爭鬥過；為了權力，他帶領自己的員工，一些伐木工人，搏鬥過；為了公司的利益，他與競爭對手戰鬥過。每次他都能獲勝，所以現在養成了發號施令的習慣，成為一個急性子、做事專橫的傢伙，確信自己凡事都能獲得成功。他本不想成為大陪審員，也不想當什麼大陪審團的主席，但是既然當了，他希望自己能有所作為。

　　埃姆斯幫為什麼就無法粉碎呢？試圖打倒這個幫派是沒用的，大家的低落情緒激怒了克拉克。他表示自己倒是願意試一試，邊說邊觀察大陪審團的每一個成員，終於發現兩、三個有骨氣，又勇於戰鬥的人。他認識這幾個人，並很快獲得他們的信任。大陪審團餘下的人則魚龍混雜，什麼人都有。克拉克先生把這幾個人爭取過來，說服他們與自己一起。接著他找了郡檢察官，這個檢察官是個政客，他了解埃姆斯犯罪集團 —— 他們太強大了，不能隨便動他們。

「那就沒你的事了」，大陪審團主席說道。

於是就出現這樣的場面，檢察官知道自己的權利。

檢察官叫喊道，「克拉克先生，你以為你能管好大陪審團的事，也能管好我的事？」

「是的，」克拉克說，「只要我想，我能管好你的辦公室，而且我想這麼做。你可以離開啦！」

至於那個夏天他要做什麼事，克拉克並沒有多說，他不是那種耍嘴皮子的人。但他的確說了，所有他做的，就是運用最簡單的商業手法來解決問題。然而，在實際戰鬥中，結果顯示，這些手法是最被認可的員警辦法。他僱用很多當地的探子，因為他知道這些人一定會談論他們眼前正在做的事，而且因此受到員警的監視。透過拋出虛假線索這樣的方式，他又僱了一些不太有人知道的其他探子。這需要很大的開支，所以克拉克還做了許多其他的事情。但他決心打贏這一仗，所以他願意花錢，毫不吝嗇地從自己和同事的口袋裡，向外掏錢（大陪審團在漫長的整個夏季工作期間，總共花銷達 259 美元）。把探子派出去的同時，他本人來到監獄，希望從獄警和犯人那裡弄到內部消息。這些人既然被關押在這，那就肯定會抱怨不平。他設法結識監獄長亞歷山大，而這位監獄長，正是郡治安官梅加阿登的朋友。是的，他在那裡有些人，他們感到「惱火」，也許想擺平。

這些人當中，有兩個曾是「棒球手套」犯罪集團的人，替加德納做事。一個是「大棒子」愛德華茲，另一個是「開心查理」霍華德。選擇哪一方呢？我多次聽到他們解釋所處的困境，這個通常的陳述可以徹底說清楚問題。在埃姆斯兄弟的爭鬥裡，為了各自的利益或幫派而出現衝突，也許是出於錯誤、疏忽，或是出於怨恨，他們被抓了起來，受到審訊。不是站在弗雷德‧W‧埃姆斯面前，而是站在法官面前，需要繳納的保釋金金額很大，他們根本提供不了。他們已經交了保護費，而且還沒有到期，可是他們沒有得到保護，也沒有得到保釋。他們成了被遺忘的人。他們說道，「不管怎麼說，我們被人出賣了」，而且他們怨恨地流下了眼淚；但是告密，不，先生！那是「另一個交易」。

克拉克先生知曉了他們的故事，決心迫使這些人在法庭上說出實情。如果他們照辦，加德納和諾貝克就會受到起訴、判刑，被證明有罪。從他們本身來說，這些人只是無關緊要的小人物，可是他們卻對破解局面能產生關鍵作用，透過他們，可以向上追查到市長。這值得一試。克拉克與萊斯特‧埃爾伍德和維爾德‧J‧希爾德兩位先生走進監獄，這兩位大陪審團陪審員，是克拉克先生處理棘手問題最為倚重的人。當克拉克講話時，他們就站在旁邊。克拉克身為陪審團主席，他的談話方式很有趣，時而微笑，夾雜著髒話；時而恐嚇，甚至還會以甜言

蜜語哄騙對方。「大棒子」愛德華茲後來告訴我，他和霍華德最終都被克拉克說服，同意供出對同犯不利的證據，那是因為他們覺得克拉克值得信賴，是那種說話算話的人，能幫助他們脫離險境。愛德華茲說道，「我們大家，」他的意思是泛指大多數罪犯，「總是與陪審團和律師較量，他們希望我們喊冤叫屈。我們偏不這麼做，因為我們知道他們不夠聰明，我們不回那裡。他們往往輕易放棄，是一些懶漢和懦夫，不值得我們信賴。克拉克則目光敏銳。我了解人們，我很會看人，這是我的看家本領，我認定克拉克會是贏家，所以我願意配合他與那些依賴他人生活的寄生蟲進行鬥爭。」經過三個星期的努力工作，大陪審團一切準備就緒，就差一個檢察官來提起公訴。可是公訴人一職卻沒有人理會，克拉克只好找自己的朋友阿爾‧J‧史密斯，請他幫忙出任公訴人。史密斯猶豫不決，他對埃姆斯犯罪集團的勢力和財力非常了解，甚至超過克拉克。但是與愛德華茲一樣，他最終也對克拉克先生產生信任感，他確信這位陪審團主席一定會贏，所以他站到克拉克這邊，且一旦作出決定，他便引導一場公開的戰鬥。他單槍匹馬一個人站在法庭上，將被告駁倒，拿下了案子，儘管被告請來最好的律師為他們辯護。他的法庭筆錄非同尋常。此外，為了獲取證據，他還接管了與罪犯談判的任務，而克拉克、希爾德、埃爾伍德，以及許多其他陪審員，則提供資金和道義上的支持。這些都是必要的。有人拿錢賄賂史密斯、史密斯受到恐嚇、他被人稱作傻瓜。克拉克

的處境也是如此。有人提出送他 28,000 美元，要他住手，並揚言要從芝加哥僱殺手來幹掉他。然而，最令大陪審團震驚的，卻是市民裡的一些知名人士，他們受人指使，也來勸阻和阻止陪審團的工作。我所研究的改革，幾乎都出現過這種現象，即道德方面的怯懦，也可以說是高雅市民的卑劣和下賤。

不過，沒有什麼能阻擋大陪審團的行動。他們無所畏懼、鬥志昂揚。他們對加德納、諾貝克、弗雷德・W・埃姆斯，以及許多從犯提出指控。可是這個犯罪集團，同樣具有足夠的膽量，也籌集資金請人辯護，與克拉克針鋒相對。埃姆斯市長更是目中無人、狂妄自大。有一次，當克拉克來到市政廳，正好遇見市長，受到市長的挑釁。雖然市長身邊有許多隨從，但克拉克沒有退縮，而是正面與市長相對。

「是的，埃姆斯醫生，我一直在查你，」克拉克說。「我在這座城市已經住了 17 年，而你在道德方面一直就是個癲瘋病患者。我聽說在此之前的十年裡，你已經爛掉了。我現在要把你投放到一個存放所有感染病菌的地方，在那裡你就不能汙染任何人了。」

接著是對加德納的審判。已經有人多次努力勸說他投降市長，可是這個年輕人拿到被支付的 15,000 美元後表示「不會改變主意」，默默地走進法庭，接受審判和定罪。對其他人的審判隨之很快展開 —— 例如諾貝克案、弗雷德・W・埃姆斯案、金

偵探長案。這時大陪審團需要那些逃亡在外的人出庭作證，還需要那些妓女的真實證詞。郡裡沒有錢用於引渡，陪審員只好自掏腰包墊付。他們派人追蹤梅克斯，從密西根州一路跟到墨西哥，然後又回到愛達荷州，並在那裡將其逮捕，讓他在審判諾貝克時出庭，因為當初「引導」他外逃的，就是此人。諾貝克以為梅克斯還遠在千里之外，還是那麼敢作敢為。可是當他在法庭上見到梅克斯，坐在被告席上的諾貝克嚇得站起身來，並連夜逃跑了。為了追捕諾貝克，大陪審團又花了很多錢，最終抓到了諾貝克。諾貝克坦白了，但是他的證據沒有獲得接受。他被判在州監獄服刑三年。男性罪犯都招供了，可是女性卻堅持不說出真相，對弗雷德·W·埃姆斯的第一次審判也沒有成功。為了打破妓女們對這個圈子的忠誠，埃姆斯市長被認定有罪，因為他透過賄賂手法使加德納成為郡治安官 —— 雖然不是最好的，但也的確是能整垮市長的案子。此舉迫使妓女們說出實情，而弗雷德·W·埃姆斯經過重審，被判有罪，關進州監獄服刑六年半。金偵探長被判犯有包庇罪和窩藏罪（協助盜賊偷竊鑽石，並在事後從盜賊手裡拿走鑽石據為己有），處以三年半徒刑。隨著審理的加速進行，更多起訴狀送達法庭。阿爾·J·史密斯經過同意後辭職，並向大陪審團表達謝意。他的上司準備競選同一個職位，希望試著審理其他案子，而且做得很出色。

現在所有人都站在法律和秩序這邊。儘管其醜惡的意義，

「貪汙受賄者」當中的恐慌情緒，令人好笑。有兩個政府部門的領導者，雖然還沒有任何證據能指控他們，卻突然逃跑了。此事提醒了大陪審團，他們開始調查和質詢，結果顯示存在著另一種受賄來源，那就是廉價將物資供應、出售給某些公共機構，將大量食品供應轉移到市長和其他官員的私人住宅。埃姆斯市長，害怕受到指控，又擔心涉嫌犯有敲詐勒索罪、組織陰謀集團罪和行賄、受賄罪而繳納高額保證金，連夜搭火車跑了。一位認識埃姆斯市長的先生，正巧也在那輛火車上，親眼見到市長在晚上 11 點鐘坐在臥鋪車廂的吸菸室裡，嘴上叼著一支沒有點燃的雪茄，面如死灰，精神憔悴。到了第二天早上 6 點鐘，這位先生見到市長依舊坐在吸菸室，雪茄還是沒有點燃。市長跑到西巴登，印第安納州的一處療養地，這位體弱多病的老人，不到一個月的時間裡，彷彿蒼老了好幾歲。城市沒有了市長，集團少了一個頭。一個個小集團被控制起來，他們聚集在大陪審團的房間裡，相互描述，乞求准許他們供出對同犯不利的證據。湯姆‧布朗，市長的祕書，坐在市長的座位，大廳對面坐著員警頭領弗雷德‧W‧埃姆斯。湯姆‧布朗在他看來，不過是個無足輕重的庸才。兩人都忙著在警局這個圈子裡組建自己的小集團。布朗這一邊有咖啡約翰和員警隊長希爾。弗雷德‧W‧埃姆斯這邊則有金隊長（儘管他已被認為有罪，解除了職務）、克倫韋德隊長和警察局長祕書歐尼斯特‧惠洛克。市參議員 D‧珀西‧鍾斯，身為聯席會議主席，一位可敬的人，

本應接替市長一職，可是他遠在東部，所以這種由政府造成的不穩定均衡，正是這個城市的狀態。

　　接著，弗雷德‧W‧埃姆斯不見蹤影。湯姆‧布朗集團完全獲得主導優勢，接管了整個員警部門。這讓所有人感到震驚，更不用說是金的小集團了，他們參與了搜尋埃姆斯的行動。有一位名叫弗雷德‧M‧鮑爾斯的市參議員，準備依靠共和黨的選票競選市長一職，接管市長辦公室，但他不確信自己的權威，也不清楚自己的政策。大陪審團是他身後的堅實力量，而陪審團主席則發電報給市參議員鍾斯。與此同時，幾個小集團向遠在西巴登的埃姆斯市長發出呼籲，而見到市長的各方，都被授權依自己的意願行事。咖啡約翰集團拒絕向大陪審團供述罪行，轉身投靠參議員鮑爾斯。當他們聽說弗雷德‧W‧埃姆斯要回來，逐漸開始有安全感。他們四處活動，並從流亡在外的市長那裡獲得保證，弗雷德‧W‧埃姆斯回來的目的就是辭職。弗雷德——這時因失誤而自悔——他回來了，但是並沒有辭職；在朋友的幫助下，他重新掌管員警隊伍。咖啡約翰懇求參議員鮑爾斯撤換警察局長，可是結果顯示，鮑爾斯這個代理市長是個怯懦的人，於是咖啡約翰、湯姆‧布朗和希爾隊長暗地裡制定祕密計畫。他們請求埃姆斯市長免去他弟弟的職務。他們信心十足，覺得他們有能力說服「老傢伙」這麼做。困難的是如何讓埃姆斯市長不會改變主意，無論哪一方在他耳邊吹了什

麼風。他們偶然想出一個大膽的權宜之計。他們敦促「老傢伙」撤掉弗雷德的職務,然後自行辭去市長職,這樣一來,「老傢伙」就無法破壞他們希望得到的契約。一天夜裡,咖啡約翰和希爾隊長悄悄溜出城,他們搭火車抵達西巴登,然後又搭另一趟火車返回家裡,一手拿著要求弗雷德辭職的手令,一手拿著市長本人的辭職信。弗雷德·W·埃姆斯真的辭職了。市長的辭職請求則被擱置一段時間,因為舉行特別選舉需要額外花錢。一切在咖啡約翰及其小集團看來,都是順利的。他們讓弗雷德出局,而參議員鮑爾斯打算讓他們接管。但是鮑爾斯動搖了。毫無疑問,大陪審團的態度對他產生了作用。無論怎麼說,最令人意想不到的是,鮑爾斯突然向兩個小集團發動襲擊。他辭退了湯姆·布朗,但也沒有啟用咖啡約翰,更沒有任命這兩個集團的人出任警察局長,而是根據其他人的提名確定人選。結果一些人被迫遞交辭職書,而代理市長接受了這些人的辭職,大規模地清除許多流氓惡棍。他的這個舉動,不僅令人吃驚,也讓大陪審團和擔驚受怕的明尼亞波利斯市民甚感滿意。

但是對這座城市的管理還是有許多困難。身為政府的實際首腦,大陪審團任務即將結束,就要被解散,此外,他們的工作是破壞性的。現在迫切需要一個建設性的力量,參議員鍾斯收到一封又一封電報,請求他火速回來。鍾斯急忙返回家鄉,局勢隨著他的歸來,很快得到控制。大陪審團做好了向他報告

的準備，因為城市再一次有了自己的頭腦和意志。犯罪分子最終得到應有的懲罰。

珀西・鍾斯，朋友都喜歡這麼叫他，是他的家庭遷居到明尼亞波利斯的第二代人。父親為他後來的發展打下很不錯的經濟基礎，所以他事業的起點也很高。先是讀大學，後來又開始經商。然而，他的道德意識讓他清楚地知道，自己有足夠的能力提問。他不是一個戰士，而是一個從容不迫、做事穩妥的執行者。他之所以能成為參議員，是因為前些年他和許多年輕人一起參加過一場運動。那個時候，他們對市政所暴露出來的腐敗問題深信不疑，覺得自己應當投身於政治。其中有幾位真的步入政壇，其中就包括鍾斯。

代理市長頓時感覺到壓力，市政府所有嚴峻的問題都擺在他的面前。邪惡勢力也在四處活動，對他要麼採取誘惑手法，要麼就是威脅恐嚇。他認真地研究局勢，開始一個問題、一個問題解決，動作雖然沒那麼迅速，但效果卻勢不可擋，抵禦所有反對派的進攻。他最初採取的一系列動作之一，就是將所有罪證確鑿的流氓、惡棍，從員警隊伍中清除出去，把埃姆斯市長解僱的員警請回來，頂替他們的崗位。另一個重要步驟就是任命私人朋友 —— 一個教會執事 —— 為警察局長。他的理論是，他希望警察局的領袖應該是對罪犯毫不留情的人、一個他絕對信賴的人。法律禁止經營的一些場所得到允許，不過只能

在一定限度內經營,且不需要繳納費用,也不必擔心敲詐或「罰款」。一些「好人」反對他的政令,他們的人數、立場和觀點,對鍾斯先生的務實政府是一個教訓。一位重要的市民,也是教會成員,威脅鍾斯,說要把租用他家兩間公寓的妓女們驅逐出去,而租金是「供養他妻子和孩子」最可靠的經濟來源。鍾斯先生加強了他的政令。

其他人的利益 —— 沙龍老闆、啤酒製造商等 —— 給他非常多的麻煩。但是所有這樣的麻煩,真的算不了什麼,最讓他苦惱的麻煩事,是與那些開賭場的人打交道。他們代表有組織的犯罪,而且要求開聽證會。鍾斯先生給他們六個星期的時間談判。他們提出一個解決方案。他們說,假如鍾斯先生允許賭博集團在城裡開設四個大型賭場,他們保證不會有別的什麼人敢在城裡其他地方開賭場。鍾斯先生考慮了一會,搖了搖頭,誘使他們說下去。他們起身離開了一會,回來時,遞給鍾斯先生一份書面承諾書。儘管他們不是犯罪分子的同夥,但他們了解犯罪分子集團的情況和行動計畫。沒有人幫忙,即使是忠實的員警,也很難與犯罪分子打交道。盜賊們很快就會重新作案。那麼,與這些盜賊抗衡,你能指望一個由教堂執事充當頭領的員警隊伍?賭徒們主動提出由他們來控制城裡的犯罪分子。

鍾斯先生對此深感興趣,但卻聲稱他不相信最近會有新的案子發生。賭徒笑了笑,轉身離去。非常奇特的巧合,他們會

談不久，案子就一個接一個地發生，就像報上說的那樣，「刑事案件如同一場流行病。」雖然只是一些小案件，但是卻讓代理市長感到非常頭痛。他對賭徒掌握時機的本領感到驚訝，很想知道他們是如何探聽到消息的。

賭徒很快又來了。他們會告訴鍾斯先生，犯罪活動很快就會在城裡再次氾濫嗎？是的，他們這麼做了，可是市長不為所動，幾個「梁上君子」還嚇不倒他。賭徒說了，這只是開頭，更大的案子接著就會發生。他們說完就走了。果然沒錯，大案發生了。城裡一些有頭有臉的人家，接連有三家失竊；接著是第四家，而這家的主人，正好是代理市長的一位親戚。這位親戚受到人們的調侃，成了笑柄。報紙也很快登出報導，但爆料並不是來自警方。

賭徒們再次來訪。如果授權讓他們獨自控制明尼亞波利斯的賭博業，他們將履行以前所做出的所有承諾，而且，假如發生什麼重大的盜竊案件，他們保證能找回失竊的財物，甚至可能抓到竊賊。鍾斯先生不相信他們能有如此大的能耐，賭徒表示可以證明給他看。怎麼證明？報紙上說有四戶人家財產被盜，他們便表示能為鍾斯先生弄回被盜的財寶。鍾斯先生表現出好奇，答應讓他們試一試，於是賭徒起身告辭。沒過幾天，被盜的財寶一包接著一包被送回來。按照員警與罪犯約定的祕密，所有財寶被轉交警察局長。

當賭徒再次登門拜訪，他們發現代理市長已經決定接受他們的提議，那就是在市長任職期間，除了員警默許開設的賭場，不能有任何別的賭博場所。

鍾斯先生對我說，如果他能獲得一個較長的任期，他肯定會重新考量這個解決方案。他相信自己能像以前那樣再次作出決定，但他至少應該認真想一想這個問題 —— 一個城市的管理，是否需要與犯罪分子形成聯盟？這是一個開放性問題。只是在他四個月應急管理期間，他封鎖了這個問題。明尼亞波利斯至少應當有一段乾淨、和諧的時光，而新的管理應當從清除障礙開始。

聖路易的無恥行為

（1903 年 3 月）

　　特威德賄賂集團的經典發問：「我就這麼做了，你們能把我怎麼樣？」這顯然是一個大人物向多數人發出的羞辱性挑戰。但這是個中肯的發問。這是那時的問題；這是現在仍存在的問題。人民能夠統治國家嗎？特威德集團的發問就是這個意思。民主政治？有可能嗎？當我們講述聖路易的金融腐敗和明尼亞波利斯員警腐敗時，同樣的問題被提了出來。兩個案子都對美國城市政府的民主進行質疑，而且，就這兩個案子的惡劣影響而言，這個問題已經有相當完整的答案。人民不會統治。他們也許會拿起武器抵抗沙皇或國王，但卻能容忍某個「無賴」壓迫他們、羞辱他們、出賣他們。「誰會把我們當一回事？」這就是他們對自己重要性的描述。可是，當他們的恥辱被公布於眾，他們會怎麼做呢？這正是特威德集團、暴君希望知道的，也是這個國家的民主政治需要知道的。

　　明尼亞波利斯市回答了特威德集團。隨著市長埃姆斯的外逃，城市進行了改革；當埃姆斯被帶回來時，他受到審判，被認定有罪。沒有哪個城市、什麼時候從其恥辱的教訓中，如此迅捷地獲得益處。人民覺得自己與所暴露出來的腐敗現象沒

有什麼關係 —— 那只是偶然發生的事情 —— 更不用說參與重建。霍弗‧C‧克拉克曾對埃姆斯的圈子發動攻擊，並將其徹底粉碎；而D‧珀西‧鍾斯則重新建立市政府，近乎完美地組織起新的行政機構。留給人民做的事很少，那就是在下一次常規選舉時，在兩位市長候選人中，投票選出他們認為比較好的人，但是他們願意這麼做。他們勾了上萬張選票，以微薄的力量果斷而又穩妥地行使自己的職責。在很大程度上，這就像是參加一場起義。未來將給明尼亞波利斯帶來真正的考驗。這一次挽救城市的人，已經組織起來，保障城市安全，並讓人們對埃姆斯「醫生」的記憶成為市民的精神財富，明尼亞波利斯是一個沒有恥辱的城市。

明尼亞波利斯也許會失敗，就像紐約已經失敗過，但至少這兩個城市會因自己的恥辱而受到觸動。聖路易卻不會這樣。約瑟夫‧W‧福克，巡迴檢察官，開始時就是單槍匹馬，後來也是孤軍奮戰，起訴、審判、給那些受賄者定罪，無論高低貴賤，遵循聯席會議的工作方式，查清裡面盤根錯節的枝枝節節，然後擺到人民面前，以宣誓作證的方式，讓那些受賄者自己坦白他們骯髒的故事。聖路易不為所動，也不覺得羞恥。在我看來，聖路易是人民政府發展史上的新產物，被流氓、惡棍掌控，為有錢人服務。

〈賄賂犯罪集團在聖路易的歲月〉一文，所揭露的其實很不

足，與聖路易人所知道的該市狀況相比，大概連一半也不到。那篇文章描述的是 1898、1899 和 1900 年，齊格恩海因市長當政期間，行賄和受賄如何演變成市政府的真實交易。自那篇文章發表以來，已有 14 人受到審判，差不多十幾個人做了坦白交代，所有交易額的確定和所涉及利益的重要性，都有了依據。接著，案情牽涉到市立法者所組成的聯席會，他們為了滿足個人利益，以定期利率出賣權利、特權和特許經營權。如今，被認定有罪的行賄、受賄者的自主陳述，已經顯現出聯席會的內幕交易，以及他們還沒有完成的計畫。這樣我們就懂了，這些聯席會的確存在著問題。我們知道了，他們有頭領或老闆，這個人，就是個有錢人，代表金融區，助長行賄、受賄之風盛行，直到這個體系土崩瓦解。於是我們知道福克先生這個原本默默無聞的人，如何得到提名，非其所願地當上巡迴檢察官；他又是如何警告那些幫他當上檢察官的政客們；他如何把這些政客視為普通罪犯提起訴訟。現在這些人已被認定有罪。

我們看到城郊軌道交通公司董事長查理斯·H·特納和聖路易釀酒公司祕書，也是第一個告密者，菲利普·H·斯托克向大陪審團講述他們如何籌措 144,000 美元的賄賂基金，並存入銀行保險箱裡。當城郊軌道交通公司特許經營權獲准之後，他們把這些錢分發給立法者。聖路易曾看到，特納先生從國民信託公司董事長辦公室，斯托克則從釀酒公司祕書辦公室裡衝

出來，就像「身上著火的馬一樣」。他們一次又一次在刑事法庭講述自己的悲慘故事，一次又一次向陪審員清點賄賂贓款的數額。當他們出庭宣誓作證，受賄者一個接一個受到審判後，這些證人急急忙忙回去繼續經營他們自己的生意；而被認定有罪的人，則回到市議會自己的座位上，平安無事。這的的確確是真的。在州參議院裡就坐著已經被宣判的人，其中有查理斯·F·凱利，被判兩年；查理斯·J·丹尼，三年和五年；亨利·A·福克納，兩年；E·E·默雷爾，州證人，沒有被宣判。不僅如此，這個參議院，有著如此的議員，竟然厚顏無恥地死皮賴臉，就是拒絕撥款，使福克先生無法繼續進行自己的調查，進而起訴那些行賄、受賄者。

問題就在這裡。在其他城市，僅僅是曝光，就足以推翻一個腐敗的政權。在聖路易，對行賄者的定罪卻讓重罪犯逍遙法外，整個體系毫髮無損，而人民則成為觀眾。正是這些感興趣的人們 —— 這些人民，以及體系，使腐敗分子有機可乘。

被判定有罪的行賄者，曾向我描述這個體系。通常，聖路易這座城市由共和黨人管理著。基於地方自治的原則，市政當局是一個獨立的政治實體，沒有哪個郡會搞混這個體系。然而，密蘇里州通常是民主黨人掌管，立法機構透過授權州長任命員警和競選委員會，來掌握政治所有權。根據有缺陷的選舉法，民主黨老闆成了該市絕對的統治者。

這個老闆就是愛德華‧R‧巴特勒，以「巴特勒上校」而聞名，或者有人乾脆直接稱呼他「老闆」。他出身於一個愛爾蘭人家庭，從事的行業是馬蹄鐵工匠，一個討人喜歡的傢伙，起初是天性使然，後來則是職業的緣故。差不多是 70 年代，那個時候的他，還是個圍著圍裙打鐵的年輕人，自己當老闆，他獲得某個專利產品的獨家經營權，專門為市裡一家軌道交通公司生產一種馬蹄鐵，產品銷路很好，很受用戶的喜愛。他們與巴特勒簽了一攬子合約，以保證他們的馬和騾都能裝上鐵蹄。巴特勒的馬掌鋪遍布城市的許多角落，而他因此獲得重要的政治地位，他的政治影響力隨著他生意的擴展而越來越大；因為無論巴特勒走到哪裡，他都會把笑容帶到那裡；無論是誰，遇到什麼樣的困難，都會得到他的鼓勵。就像明尼亞波利斯那個走到哪都被認為是個好夥伴的埃姆斯「大夫」，巴特勒透過幫助人們「招致災禍」而獲得人們的信任。一位牧師，詹姆斯‧科菲大人，曾嚴厲斥責過巴特勒，把他趕出講道壇，說他腐蝕了年輕人；還有一次，一位母親跪在教堂的通道上，並在做禮拜時出聲乞求上帝懲罰和折磨巴特勒，因為巴特勒毀了她兒子的前程。這些和其他類似的事件廣泛宣傳，增加了巴特勒的影響力。他越發大膽起來。據說，他曾有一次從投票站裡走出來，越過員警設置的警戒線，向路邊的一群人大聲喊道：「還有誰想重複投票？那就進來再投一次吧！」

　　在聖路易，人們會告訴你，巴特勒從來就沒有什麼真的權勢，只是他的大膽作為和裝腔作勢，讓他看起來像是個大人物。組織公眾抗議是每個老闆展現權勢的重要因素。然而，就我所能蒐集到的資料來看，巴特勒雖然是這個組織的領導者，但他首先必須是忠誠黨的政客。當他完全成了一個受賄者，他對自己的政治機器開始變得不太關心，而借助兩黨的最壞分子來從事他的賄賂交易。行賄者和其他人都說，在後來的幾年裡，巴特勒在兩黨擁有相等的權利。在共和黨市長齊格恩海因當政期間，他是聖路易的統治者，可以肯定，這個時期正是該市發展史上最糟糕的階段。巴特勒的方法，就是口述足夠的兩黨候選人名單，以便他能夠挑選他生意需要的那種人，即從兩黨候選人中選出最混蛋的人。換句話說，儘管誠實的民主黨和共和黨人「忠誠於黨」（白痴所具備的極大自豪感，就是他們最明顯的特徵），且是「直選出來的」，民主黨老闆和他的共和黨打手們，決定每張選票上的哪些人應該當選；接著他們用貨車，把巴特勒僱來的「重複投票者」來劃票，並重複投下他們的票，直到選出他們想要的人，而巴特勒就是做這個生意的關鍵人物。

　　巴特勒的生意就是賄賂，已經演變成非常精緻也非常危險的腐敗形式，其危害程度遠遠超過明尼亞波利斯的員警敲詐。這種形式所涉及的，不是盜賊、賭徒和妓女，而是有影響力的市民、資本家、大企業。因為賄賂者的生財方法，就是這座城

市的權利、特權、選舉權、特許經營權和不動產，所以巴特勒腐蝕的對象在社會上層，而不是底層。巴特勒早年創業時與企業老闆的交往經歷，證明他對這些老闆是有用的人，所以經過那些老闆的引薦，他結識了其他金融老闆。而他能提供金融服務的消息一經傳開，那些想在這個城市撈取錢財的不法之徒，很快聚攏在他身邊。一位行賄者告訴我，根據他們聯席會的傳統做法，「聖路易一直存在賄賂行為」。

　　巴特勒將其賄賂犯罪集團系統地組織起來，並逐漸發展成一個常設的金融機構，使其成為商業領域不可分割的組成部分。他有自己的客戶，定期的或不定期的、銀行家和推銷人員。據賄賂者的敘述 —— 還沒有被記錄下來 —— 可以斷言，所有的交通運輸公司和公共便利公司，只要與聖路易接觸，都得與巴特勒的聯席會打交道。而我獲得的最好資訊就是，這些利益相關者並不是受害者。敲詐及時出現了，但是在一開始時，他們開始了獲取戰利品的陰謀計畫，並為巴特勒的事業打下起步的基礎。一些利益相關者按期給巴特勒錢作為薪水，其他人則繳費，而且巴特勒再一次成為企業的合夥人，以特殊的手法提取非法交易的佣金，影響力也越來越大。「費」和「禮物」是巴特勒的術語，而且公開談論自己收取和分配贓款的事。我真的相信，巴特勒以為他的收費是合法的。但他知道有些人認為他的服務是非法的，他曾說過，當他為了某件立法案而收取

佣金，他總是「回到家裡，祈禱議案能夠獲得通過，」並不無戲謔地補充道，「通常我的祈禱都會得到答覆。」

是的，他的祈禱總是會得到市議會的「答覆」。市議會這個立法實體，分為上、下兩院，上院被稱為參議院，有13名議員，由非代表特定選區選出；下院被稱為眾議院，有28名議員，由選區選出；上、下兩院的每位議員，由市政府按月發給二十五美元薪水。與市長一起，這個市議會控制了所有公共財產和有價值的權利。儘管巴特勒有時可以利用或支配市長，可是他更喜歡甩開市長，獨立行使手中的權力。所以他在上、下兩院分別形成三分之二多數派──在上院是9人，而在下院則有19人──這樣就能在投票時，確保他的議案通過。這些人組成的就是「聯席會」。他們按常規組織，在議會的規則下進行交易。每一個「聯席會」選出主席，這位主席還會被選為合法團體的主席，由他任命各個委員會，並為每個委員會提名聯席會成員名單，確保獲得多數票。

在聯席會成立的初期階段，巴特勒的控制是完整的，因為它具有政治性。他挑選的人，一般都會成為立法者，他們按照巴特勒的命令列事，賄賂活動進行得悄無聲息、安全妥當，而且索價也算適當。只有不法行為才會被收費，而且一旦賣出去，就是合法的了──因為巴特勒信守諾言。哪個人，只要永遠被收買了，就會被他定義為誠實的人，就是合適的人選。

但是隨著對錢財的貪欲不斷擴大，尤其是在聖路易，這就需要一個強而有力的人，控制自己和控制他人。巴特勒總是關注商業領域的動靜，他知道這裡的每一個人。當某個軌道交通公司需要鋪設道岔，或某個金融事務所需要獲得特許經營權，他都會提前知道消息。有時他發現了某個需求，並加以暗示，提出一個行價，比如 10,000 美元，然後告訴手下的「夥計」有什麼買賣，會有 10,000 美元供他們分享。他留下一部分，而城市什麼也沒有得到。如果巴特勒因為還沒拿到錢而不發話，議案就會被擱置；只有錢到手了，巴特勒發話了，議案才會馬上獲得通過。然而，他們的生意越做越大，不僅是不合法的提案，就連合乎法律的議案，也得支付一定的好處費，而且價碼逐漸被抬高。如果有哪位市民出於某種目的，需要開挖街道而提出請求，或市民提出在某個路段安裝路燈 —— 都需要掏錢，而且他們還真的肯花錢。在最近幾年，沒有什麼別的辦法。商人們抱怨，說他們感覺到某種壓力，某種最讓他們意想不到的、來自商業區各個部門的壓力，還不得不承受。

　　一位廠商告訴我，有一條鐵路的支線離他的工廠很近，鐵路公司的人建議請他去找立法部門，爭取獲准鋪設一條岔道，穿過他的廠區。他覺得這個主意不錯。但是當他發現這麼做需要花費八千或一萬美元時，他放棄了。很快，鐵路公司放慢了運輸他們工廠貨物的速度。他明白，可是身為一個不服軟的

人，他改用渡船將貨物運過河，走另一條路。這樣他就需要一條岔道，當他去詢問此事，鐵路公司的人說道：

「啊！我們已經弄好了。你看，我們按期向那些人支付薪水，而他們為我們做事，別無所圖。」

「那麼，你們為什麼還要派我去找他們？」廠商問道。

「這個嘛！你看，」鐵路公司的人答道，「我們喜歡與他們保持良好的關係。只要有機會，我們就會給他們一點生意之外的好處。」

換句話說，龐大的鐵路公司，並不滿足於向這些索賄的市政委員會委員按月支付賄賂金，並且隨時準備進一步向委員們施恩惠，以便強制某個製造商或客戶也跟著動起來，接受賄賂者的敲詐。這個廠商問我：「如何才能抵制這種遊戲？」

很少有人嘗試著抵制。敲詐勒索在交易過程中司空見慣，多數人已習慣逆來順受 —— 一種固化的思維習慣。城市本身已經好幾個星期處在黑暗當中，而用於照明合約所支付的 175,000 美元的賄賂金懸而未定，抱怨的市民要求安裝路燈，可是市長齊格恩海因卻要他們走開 —— 去找有月亮的地方待著。

賄賂是安全的，也是肥的流油的。巴特勒變得越來越富有，也越來越貪婪，越來越不把政界當一回事。外來資本進來了，發現巴特勒吃現成的，就越過他，直接賄賂聯席會成員。而聯席會的人也因此知道特許經營權的價值，巴特勒給他們

的，一直都是很小很小的一部分賄款。

　　接著是一場爭鬥，在很大程度上，更像是一場卑鄙的鬧劇，目的就是控制腐敗集團 —— 巴特勒擠壓著市立法者，保障自己的利益，而立法者們逼迫巴特勒以「公平的份額」支付好處費。原有的聯席會內部，形成了新的聯盟，迫使巴特勒交給他們更多的錢。儘管巴特勒在圈子內仍然是立法代理人，但也不得不守住他的支付人的祕密，而這個人一定會要求降低比例。聯席會成員之間相互猜疑，所以任命他們自己的代理人來對付巴特勒。即使這樣還是不放心，小集團又僱「跟蹤者」尾隨他們的代理人，看著他進入巴特勒的家，接著跟隨他來到準備分發好處費的地方。在州參議院，巴特勒的代表是查理斯・A・古特克和約翰・K・默雷爾，在市議會則是查理斯・H・克拉茲和弗雷德・G・厄斯奧弗。其他一些成員懷疑這些人「額外拿到的錢更多」，所以巴特勒不得不僱用第三人替他獲取聯席會內部的情況。在州參議院，羅伯遜就是這樣的人。當古特克告知主席來了一筆生意，主席就會召集開會，他會說道：

　　「先生們，今天晚上我們需要處理的提案是城郊鐵路公司法案。我們的索價是多少才好呢？」

　　古特克就會提出動議「40,000 美元」。圈外的某些成員就會認為 100,000 美元「更為合理」。爭論常常是很激烈的，有時你甚至會聽到有人拔出左輪手槍的聲響。在這種情況下（城郊鐵

路公司法案），羅伯遜站了出來，提出一個妥協價格「75,000 美元」，力勸雙方都退讓一步，免得大家什麼都得不到。羅伯遜的建議得到了採納。接著他們會四處遊說，任命代理人。他們不想要古特克或巴特勒的任何人，所以他們選擇別的某個人。在休會期間，圈外的人就會派一個「跟蹤者」監視這個代理人，有時也會派第二個「跟蹤者」監視第一個「跟蹤者」。

　　他們開始為了自己的利益做起交易，且所有禮儀廉恥都丟在腦後，他們不時地向雙方出賣。1898 年的軌道交通公司交易，就是一個例子。羅伯特·M·斯奈德，紐約和堪薩斯州的一個資本家和發起人，隨身帶著一份對城市鐵路部門不利的有軌交通提案來到聖路易。這些部門感覺很安全。透過巴特勒，他們每年向市議會七名議員各支付 5,000 美元好處費，但是作為預防措施，巴特勒的合夥人，也是聖路易最有能力的資本家之一——約翰·斯卡林，支付給厄斯奧弗一筆特殊佣金，大概是 25,000 美元，讓他監視受賄的議員。當斯奈德發現巴特勒和聯席會與他作對，他決心採用各個擊破的手法，收買聯席會成員，在他的總部裡大擺筵席，爭取選票。這是在重大交易中，第一次出現與巴特勒的破裂，並在受賄者當中，引起了一場騷動。這些受賄者沒有直接倒向斯奈德，他們去見了巴特勒，並帶著斯奈德為了獲取特許經營權而開出的價格，迫使老闆把價格抬高到 175,000 美元。接著，市議會聯席會在加斯特花園開

會，討論他們是否能夠不同意這個價格。巴特勒派厄斯奧弗參會，帶著他的指示，造一個不同意或定一個過高價格的結果，好讓斯奈德拒絕支付。厄斯奧弗服從了，提議價格定在 250,000 美元，並勸說一些議員堅持，不要妥協，直到會議鬧哄哄地不歡而散。接著，每個議員為了自己的利益而忙，都跑去見巴特勒，也去見斯奈德。在這場混戰中，不同的價格得到了支付。四位議員及州參議院的 25 名議員，從斯奈德那裡分別拿到不同金額的款項，所有錢加在一起，斯奈德為了獲得特許經營權，支付了 250,000 美元，而巴特勒及其支持者僅支付 175,000 美元，所以被擊敗了，特許經營權得到了批准。斯奈德轉過身來，把特許經營權以 1,250,000 美元賣給自己的老對手，大賺了一筆。

從斯奈德那裡拿到 50,000 美元的人正是厄斯奧弗，他還從約翰‧斯卡林那裡接受了 25,000 美元的賄款。他在被告席上講的故事，是揭發這個案件中最滑稽的插曲。他說，斯奈德來到他的家裡，「大衣口袋裡裝滿了錢。」他們一起坐在沙發上，但是當斯奈德走了之後，厄斯奧弗發現身邊多了一個口袋，打開一看，裡面裝著 50,000 美元。這筆錢他退給了發起人，表示他不能接受，因為他已經從另一方拿了 25,000 美元；但是他暗示他可以接受 100,000 美元。斯奈德答應了，所以厄斯奧弗投票贊成特許經營權。

第二天，巴特勒來到厄斯奧弗家拜訪。厄斯奧弗先開口。

「我想把這筆錢退掉，」他遞給巴特勒一個袋子，裡面裝著25,000 美元。

「我就是為了這件事而來的。」巴特勒說道。

審判斯奈德時，厄斯奧弗出庭作證。斯奈德的法律顧問問厄斯奧弗為什麼退掉 25,000 這筆錢。

「因為這不是我的錢，」厄斯奧弗叫喊道，臉氣得通紅。「我沒有賺到這筆錢。」

但是他認為他本應該賺到 100,000 美元，而且他曾要求斯奈德給他這個數目，或者減半也行，給他 50,000 美元。斯奈德設法把他灌醉，只給了他 5,000 美元，並順便拿了收據和一份簽了名的聲明，證實與交通總公司賄賂交易相關的所有報導都是虛假的，並說：「我（厄斯奧弗）知道你（斯奈德）願意提供給我的賄款，要比我打算收的多得多。」

然而，所有這樣不合法交易的問題在於，那些立法者維持自己的黨派性和體面性，造成虛偽的假象。聯席會的核心會議上，專門安排辯論時間。一、兩個成員被指定代表黨派講話。有時他們得到指示攻擊聯席會，一個或兩個惡棍通常會以取樂的方式當場責難他們在參議院的朋友，以確鑿的事實向他們索價。

但是涉及到嚴肅的交易，沒有人知道自己屬於哪個政黨。

巴特勒本人就活動於共和黨和民主黨兩邊，而共和黨和民主黨裡都有人反對他。除了向一些人提供特別賄款外，他誰也不相信。他是賄賂活動的主要掮客，也是立法機構最好的客戶；他的政治影響力開始依賴於他的賄賂行為，而不是相反。

　　如今他已擁有幾百萬美元的家產，但是當他的親戚勸他見好就收時，他回答道，這不是他有多少錢的問題，他喜歡這個買賣，寧願為了一個岔道賺 50 美元，也不願在股市裡賺 500 美元。廉價買一個特許經營權，而後高價賣出去，他從中享受著樂趣。在 1899 年的照明設施交易中，巴特勒收到 150,000 美元，但支付出去的，只有 84,500 美元 —— 47,000 美元給了參議院，37,500 美元給了市議會 —— 而且與參議院聯席會的討價還價，還導致城市連續幾個星期都處在黑暗之中。巴特勒要古特克告訴這個聯席會，他只能拿出 20,000 美元分發給他們。聯席會決定對這個提案進行表決，但是，因為他們懷疑巴特勒能否「替他們保守祕密」，他們提議重新考量。

　　市民們憤怒了。在動議被提交議會重新審理的那天晚上，一群人帶著繩索來到市政廳，但是聯席會已下定決心。巴特勒本人也在那裡，他看起來比代表們更為恐慌。在與聯席會討價還價時，他的臉上出現汗水。在一大群人的觀望下，記者離得又那麼近，一位代表對我說，他真希望在第二天的報紙上，讀到這場辯論的紀實報導。巴特勒時而威脅，時而懇求，但是最

後答應分派 47,000 美元。這是一場展示雄辯口才的場合。發言者指著那些帶著繩子來的市民說，既然事情已經明擺在那裡，市民想要路燈，他們就要贊成市民的訴求。毫無疑問，人民以為自己贏了，直到好久以後，他們才知道選票已被巴特勒收買了，而市民不過是加速這場腐敗交易的完成。

巴特勒失手的第二個賄賂大案，是城郊交通公司的提案，同樣在很長時間裡，導致了一場災難。特納和斯托克在受審時，一遍又一遍地講述這個故事。特納和他在聖路易的朋友尋求一個特許經營權，為了拿到這個特權，他們願意拿出大筆資金賄賂。特納對巴特勒講了此事，巴特勒說辦成事需要花費145,000 美元。這個數目似乎太大了，於是特納去找斯托克，要他幫忙在議員當中遊說，讓這個議案通過。斯托克答應進行安排，但是說需要 144,000 美元——135,000 美元交給聯席會，另外 9,000 美元給梅森柏格——可就在這時，錢還沒支付出去，公司也沒有得到特權，一紙禁令制止了所有行動。錢被存放進保險箱裡——參議院的 75,000 美元放在一個箱子裡，市議會聯席會的 60,000 美元放在另一個箱子裡——在立法機構休會期間，發生了一場為了錢的爭鬥。巴特勒對這種笨拙的作法嗤之以鼻。據說，他從中得出一個教訓，「如果你想獲得某個特許經營權，千萬不要去找新手；拿錢找專家，他會按期交貨的。」

但是聯席會也從中得出自己的結論，他們的道德是，儘管

賄賂本身是一種交易，這卻是一個很好的買賣，太容易了，只要研究一下，任何人都能學會。且他們的確做了研究。他們當中有兩個人告訴過我，他們在國內四處走動，檢查生意，而且逐漸在美國主要城市的市政委員會委員中，形成了行賄、受賄的關係網。芝加哥的委員會有可能來到聖路易，尋找聖路易的受賄者們在玩什麼「新遊戲」，也會向聖路易人透露他們是如何在芝加哥做生意的。這樣一來，芝加哥的受賄者和聖路易的受賄者，就可能去訪問克利夫蘭和匹茲堡或其他城市。如果有些城市離得遠，他們也可以透過一些祕密管道獲取資訊，而這些管道遍布「賄賂世界」的各個角落。聖路易開會的地點設在德克爾家的馬廄，在那裡攤開的想法發展成計畫，而這些計畫，如同受賄者現在說的，只能歸屬待定。在德克爾家的馬廄，曾產生過出賣聯合市場的想法；儘管這筆交易沒有完成，受賄者看到成功無望，也讓市場裡的人為此支付 10,000 美元。這個方案被擱置，留待以後有機會再實施。另一個沒有成功的企圖，就是出賣法院大樓。一開始進行得還滿順利，後來才發現這座建築的地皮，撥給市當公共事業，是有先決條件的，那就是只能用作法院，改作其他用途是不行的。

不過，所有想法中最為大膽的，來自費城。在那個城市，煤氣廠被賣給私人公司，而接下來準備出賣的則是自來水廠。從那以後，聖路易的傢伙們就一直在尋找買家買下他們的自來

水廠。那個工廠至少價值 40,000,000 美元。但是受賄者們認為他們能夠以 15,000,000 美元把這家工廠賣出去，而他們可以獲得差不多 1,000,000 美元，用於討價還價。「方案就是實施計畫，然後快速撤離」，一位受賄者在講述此事時對我說，「如果你能把計畫與一些可透露的消息混合在一起，那麼你的陰謀就能得逞；只有我們當中的一些人認為能夠從中賺取比 1,000,000 美元還多的好處費 —— 每個人都能得到一筆錢。也許某一天此事能成。」

這就是我們在聖路易看到的賄賂體系。城市所擁有的一切，都可以被當政的人拿來出售，而這些官員卻是人民選出來的。購買者也許是情願的買家，也許是不情願的冤大頭；他們也許是市民，也許只是不了解內情的圈外人；對市政府來說，他們都一樣。只要聯席會的成員能獲得收益，他們會把城市賣了。會嗎？他們會的，也願意這麼做。假如市財政局長帶著 50,000 美元跑了，那裡就會喊聲一片。在聖路易，他們管理的、一般組織起來的盜賊，已經出賣許多特許經營權和市裡其他有價值的資產，價值達到 50,000,000 美元。這是銀行的某個人幫我做的估計，他說受賄者所得到的贓款，並不是所售資產價值的十分之一，但是他們很滿意，因為所有的這些，是他們透過自身能力獲得的。至於未來，為我提供消息、揭發賄賂醜聞的人對我說，城市所有的資產，都被列成清單，留待以後

售出，而這份清單是真實存在的，只是出售這些資產的計畫，因一個意外事件而被迫擱置 —— 那就是福克先生這個人物的出現。

荒謬嗎？看起來當然是荒謬的！那就像我和像受賄者那樣，觀察一下聖路易的人民 —— 然後做出你的判斷。

首先請記住，福克先生的出現，的確是一個意外事件。與現在其他城市一樣，那個時候的聖路易，大體上知道正在進行什麼事，但是沒有民眾運動。政客們提名並選出福克先生，並期待這個人不要給他們造成任何麻煩。1901 年 1 月 1 日，福克剛剛就職，巴特勒就來拜訪，提名某個組織的人擔任福克的助手。遭到福克的拒絕後，巴特勒還沒有明白是怎麼一回事。他怒氣衝衝地走了。三天後他又回來了，第二次要求福克任命他的人當助手。第二次拒絕產生了效果。受賄者們說，巴特勒走了出來，告誡他們「當心，我無法與福克做任何事情，我不知道這個人是否會盯上你們。」受賄者接受他的警告；可是巴特勒自己卻沒有做到。在他看來，福克先生「追蹤」自己是永遠不可能發生的事。

巴特勒感覺到的東西，公眾也感覺到了。福克先生上任初始就接手調查賄選案，這時巴特勒又一次登門拜訪，告訴福克不要一本正經地起訴某些人，並交給福克一份名單。城裡的人笑了起來。當巴特勒被福克趕出來，福克當真對兩黨派的重複

投票者（其中還有幫助他當選的人）提起公訴，這在聖路易引起不小的**轟動**。這場轟動，應歸因於其新奇性和對這位非黨派公職官員行為的不理解。不相信誠實，聖路易展現最初信仰邪惡的跡象，這種跡象也成為這個城市的特徵。「為什麼福克先生不接受賄賂？」這就是憤世嫉俗的挑戰。「幾個重複投票者能掀起多大的浪來？」

　　福克先生是一個特別沉著冷靜的人。一旦制定了自己的行動方針，他就會不折不扣地加以實施，沒有什麼會讓他頭腦發熱或改變主意。他說他會「盡職盡責」，但是沒有說他會曝光聖路易的腐敗現象或改革。除了觀察發展動態，福克在一年之中，都沒有做任何事來回應公眾的挑戰。但是他在做準備。身為一位民事律師，他正在研究刑法。1902 年 1 月 23 日，當他在聖路易的《星報》上看到一段報導，揭發的是城郊公司在銀行裡存放了一筆賄賂資金，他心裡有了底。他批發似的向銀行老闆、城郊軌道交通公司的高階管理人員、立法者和政客們發出傳票，並當著大陪審團的面，連著數日，對當事人進行仔細的詢問。沒有人知道任何事情，儘管大家知道福克先生準備「追蹤受賄者」，但那些行賄、受賄的傢伙和他們的朋友，並沒有感到恐慌，而公眾對福克也並不滿意。

　　「拿出起訴書來」，這是那個時候的挑戰。這是一種恐嚇，但是福克先生接受挑戰，以牙還牙，他「拿到了起訴書」。這

就是此事的方式：城郊公司的人和受賄的聯席會成員相互爭鬥的傳聞，在大街小巷傳開，但是人們表現出來的，是一種痛苦的情緒。現金，躺在銀行的保險櫃裡，雙方都聲稱自己是擁有者。受賄者說這是他們的錢，因為他們已經盡到自己的職責，投票贊成批准特許經營權；城郊公司的人說這是他們的錢，因為他們沒有得到特許經營權。受賄者回答說，反對批准特許經營權的法令，不是他們發布的，他們恐嚇要把糾紛提交給大陪審團審理。正是他們把「賄賂資金」的事告知報界，目的是嚇唬嚇唬特納和斯托克。斯托克真的被「嚇到了。」當他接到福克發給他的傳票時，他以為受賄者已經「告密」，頓時昏倒在地。一位負責遞送傳票的副手告訴福克，當斯托克見到傳票上有罪的證據並不充足，便派人去找斯托克和特納的律師，並放肆地讓律師為他的客戶做出選擇，是當證人還是進行辯護。律師很堅定，但是福克勸他還是與自己的客戶商量一下，最終他們的選擇是出庭作證。他們的坦白交代，和在銀行對賄賂資金的查抄，讓福克對城郊公司交易的內幕，了解得一清二楚，也掌握了大量的起訴證據。他決定拿七個人開刀，可是這第一批被控有罪的人，都是很有名氣和社會地位的，他們根本不懼怕被起訴，他們分別代表了聖路易行賄、受賄的各色人等，既有權勢、又有錢財。這七個人，有上院聯席會的代理人查理斯·H·克拉茲；下院聯席會代理人約翰·K·默雷爾；還有「好市民」埃米爾·梅森柏格議員──他們都是受賄者；而艾理斯·溫萊

特和亨利・尼古拉斯，擁有百萬資產的釀酒商和城郊軌道交通公司的董事，則是行賄者；至於下院聯席會成員朱利斯・萊曼和亨利・A・福克納，犯有偽證罪。這個消息讓許多人感到驚慌失措，但是這個圈子裡的人結成了攻守同盟，抱成一個團。而憤世嫉俗的人則說，「他們永遠都不會受到審判。」

　　來自外部的勢力是猛烈的。福克先生這時感覺到，巨大的利益鏈條所形成的力量，正向自己壓過來。一種是一些罪犯的身分地位；另一種就是那些手持保釋保證書的人的品德 —— 巴特勒是受賄者，另外一些百萬富翁則是行賄人。但是最為嚴重的一群人，他們私下紛紛去找福克先生，懇求他或者命令他停止行動。他們當中不僅有政客，還有一些是實在的、無辜的商人、傑出的律師和自己的好朋友。他認識的人，幾乎沒有誰沒來找他，一次又一次，以這種方式或那種方式，為一些惡棍或別的什麼人求情。還有一些人，要麼是威脅暗殺他；要麼是準備在政治上毀滅他；要麼是許願提拔重用他；要麼是讓他有利可圖，成為合法的企業合夥人；要麼為他祕密提供賄款……也許他害怕的所有事情，展示在一邊；也許他想得到的東西，展示在另一邊。「當你做這樣的事情，」他當時說，「你不能聽任何人的；你必須為你自己著想，依靠你自己的力量。我知道我只能成功，而且，成功還是失敗，我覺得不要考量什麼政治前途，所以我斷絕了所有與未來前途相關的想法。」

就這樣，他默默、但胸有成竹地繼續自己的工作。他到底有多麼穩當，從下面這個事實就可以看出來：他與所有的證人都打過交道，並讓他們轉變成國家證人，沒有出現任何失誤；沒有人對他產生誤解；沒有人控告他有什麼不正當行為。儘管來自身後的壓力從未停止，更有人肆無忌憚地公然示威，肆意挑釁，「有能耐就往上查吧！」福克正在往上查。有了特納和斯托克的供詞，加上對幾個人作偽證的起訴書為證，他重新對證人進行審查。儘管大人物們為手下的行賄者提供法律援助，讓他們學會編造自己的故事，但他們還是在這裡或那裡露出了馬腳。交通總公司交易的內幕漸漸浮出水面，而且往上一直查到了由幾個百萬富翁組成的犯罪集團，領頭的就是巴特勒。

但是，法律條款上行賄方面的漏洞，讓前方還是存在著不可逾越的障礙。美國的立法者並沒有透過立法來嚴厲制止這個國家的主要惡習，密蘇里州將行賄者的罪責限定在三年徒刑以下。而在軌道交通案的交易中，大多數當事人都觸犯了法律，但這部法律將非當地居民排除在外。福克先生發現，在某些時候，羅伯特‧M‧斯奈德出於虛榮心，而把自己說成是「紐約人」，由此他設法讓斯奈德因行賄罪受到控告，而聖路易汽車公司董事長喬治‧J‧科布希被指控犯有偽證罪。科布希曾發誓說，當他本人拿出錢時，他並不知道這是為獲得交通總公司特許經營權的賄款。科布希轉變成指控斯奈德的國家證人。

隨著這些起訴書越來越多，要求懲治巴特勒的呼聲也越來越高，此起彼伏。而質疑的聲音明確說明，想打破這個圈子，福克先生必須拿下這個圈子的老闆。福克就是這麼做的。得救於在城郊公司交易的脫身；得救於在交通總公司交易的法律保護，巴特勒卻因為自己的魯莽而失手。他向衛生管理部門的兩位官員分別提供了 2,500 美元的禮金，讓他們同意一份垃圾處理合約，而這項交易使巴特勒淨賺 232,000 美元。由此，這位「老人」、賄賂集團的首領，金融區的立法機構代理人，受到了指控。

但是這個圈子並沒有四分五裂，而公眾對醜惡現象的默默忍受，仍然根深蒂固。還沒有哪個人受到法律的制裁。審判的日子越來越近，而普遍的理解是，最先受到審判的人，就是實驗品。一次失敗就可能讓福克先生無法進行下去，福克意識到道德效應，這樣的後果肯定會出現。不過他對拿下默雷爾和克拉茲這兩人的案子很有把握，如果他能認定這兩人有罪，通向兩黨聯席會和他們背後大人物的門，就會打開。表面上看，這些人相當有自信，加上對他們負責的律師，過得似乎很自在。突然間，福克先生斷定默雷爾是個軟弱的傢伙，也許會「垮掉」。默雷爾跑了！這個消息在社會大眾當中所引起的震驚，如今是很難體會到的。這是證明有罪的第一個公開證據，也是打破賄賂者組成圈子的第一個舉動。對福克先生而言，這是他

制服賄賂分子的第一個重大步驟，因為他這時還沒有能力指控下院聯席會。也是在這個時候，克拉茲跑到佛羅里達州，福克這位巡迴檢察官，只好帶著此案最容易攻破的人物走進法庭，這個人就是梅森柏格。因為他真正感到驚恐，梅森柏格在保釋保證書裡猛增保釋金額。所有案子的所有律師聯合起來抵制這個動議，爭鬥持續好幾天，但最後是福克贏了。克拉茲一怒之下，回來尋求保釋。利用自己的關係，加上自己的資產，他吹噓能夠拿出任何所需數額的錢，他交出 100,000 美元。不顧所聘請的法律顧問的反對，他堅持提供 20,000 美元，並公開抨擊使其名聲敗壞的企圖，由此暗示自己不會被判刑。他甚至請求先進行自己的審判，但是更加明智的人，卻選擇以審理梅森柏格案作為開始。

這個案子的弱點在於行賄的間接性。梅森柏格，一位有名望的商人，認為自己拉選票是為了獲取城郊公司特許經營權，而不是為了錢。他以 9,000 美元的價格，賣掉了大約兩百份垃圾股票。這種做法使其看起來很像是正常的商業交易，而州裡五、六位最好的律師，似乎也力挺這種觀點。然而，福克先生逐個地會見這些律師，一點一點地說服他們；而他展現的法律知識，讓這些律師感到吃驚；他對囚犯的態度，又贏得陪審團的好感。那個時候，全國各地的檢察官都喜歡高談闊論，在法庭上滔滔不絕地講話。福克的作法，也許能對此進行改革。很

自然的、沒有任何惡意，他是客觀的；他不會攻擊犯罪者，他
去監獄不是這個目的。他是為國家辯護，而不是懲罰哪個人。
「被告只是一個原子，」他對陪審團說，「假如我們能夠不透過懲
罰個人而加強法律，我們就沒有必要在這裡了；可是我們不能
夠。只有透過懲罰犯罪分子來警戒他人，我們才能預防犯罪。
至於囚犯，他不能抱怨，因為他自己的犯罪行為，這是他咎由
自取的。」在審理福克納案的過程裡，有一次前州長詹森談論起
囚犯的權利，福克先生評論道，國家也有權利。「啊！是的！國
家的權利！」前州長無言以對，而陪審團也聽到了他的反駁。許
多陪審團同樣聽到了這個觀點。福克先生所道出的常備思想之
一，就是讓人們的頭腦形成這樣的印象，即儘管刑法已經發展
成維護權利的龐大機器，但國家的權利也應當受到保護，不僅
陪審團，就是普通的廣大民眾，尤其是上訴法院（他們常常忘記
這一點），還有罪犯，都要有這樣的認知。

　　梅森柏格被認定有罪，判了三年。隨著這個人被打垮，圈
子出現了裂痕。克拉茲趕緊逃跑，他是聽到別人的忠告才跑
的，而且與默雷爾一樣，有人允諾給他大筆的錢；然而，與默
雷爾不一樣，他堅持依據常規來決定自己的去處。他迫使一些
大人物給他很多現金，而且為了等這些人履行諾言，給他更多
的錢，他險惡地在紐奧良等候。有了他所要求的資助，這位聯
席會領導人越境進入墨西哥，並在那裡大規模地從事商業活

動。克拉茲安全出逃後，這個圈子重新鼓起勇氣，梅森柏格在五位知名百萬富翁的陪同下，出現在法庭，提交 25,000 美元的上訴保證書。他對記者們說，「我還可以弄到更多錢，不過這些我覺得已經足夠了。」

　　兩個聯席會賄賂活動中間人外逃，繼續追查下去的線索就這樣被弄斷了，人們以為福克先生會暫時停下來，但是他沒有。他繼續開展對證人們的審查。為了讓他們開口，他指控萊曼和福克納犯有偽證罪，把他們帶到法庭，接受審判。這兩個人得到很好的辯護，可是對他們不利的是，就像梅森柏格遇到的情況一樣，城郊鐵路公司董事長特納和釀酒廠祕書菲利普‧H‧斯托克出現在法庭上。作偽證者被認定有罪。與此同時，福克先生試圖透過華盛頓和傑弗孫市的協助，把默雷爾和克拉茲帶回來。這些一般的途徑，都沒有打通，他只好利用自己在默雷爾聯席會的情報來源，很快了解到最新的情況：逃亡在外的默雷爾生病了，身上又沒有錢，無法與妻子和朋友聯繫。為他逃跑而籌措的錢，被別人私吞了，而拿著另一筆錢的人，也沒有去找他。等默雷爾找到這個人時，他又不能轉交這筆錢。默雷爾想回家。福克表示，很高興他能回來，並讓他在聖路易外的一個小鎮安頓下來。安排好默雷爾後，福克開始施展妙計，確保證人能證實默雷爾可能說的話。因為默雷爾不在所產生的安全感，讓整個聯席會勇於否認所有事情。1902 年 9 月的一天，

福克先生把聯席會的一個成員，喬治‧羅伯遜叫到辦公室。

他們談了很久。福克先生一次又一次勸說羅伯遜說出他所知道的城郊公司交易內幕情況。

「福克先生，我已對你說過好多次，」羅伯遜說道，「我對此事一無所知。」

「如果你在這裡見到默雷爾，你會說什麼呢？」福克先生問道。

「默雷爾！」羅伯遜大叫了一聲。「那太好了，這就是了。為什麼，是的，我倒想見見默雷爾。」

當福克先生走到門口去召喚默雷爾時，羅伯遜還在大笑著。默雷爾走了進來。默雷爾臉上的笑容消失了，他抓著座椅，像觸電似的跳起身來。好不容易站穩了，他像看到鬼似地凝視著默雷爾。

「默雷爾，」福克先生平靜地說道，「把戲已經拆穿了，不是嗎？」

「是的，」默雷爾說，「一切都完了。」

「你已經說出一切了？」

「所有事情。」

羅伯遜癱坐到椅子上。過了一會，等他恢復自我控制，福克先生問他是否準備好，談一談城郊公司交易。

「好吧！我不知道自己還能怎麼做。福克先生，我服了。」

羅伯遜說出一切。有了默雷爾、特納和斯托克的支持，加上幾卷錢的物證，福克先生以受賄罪或偽證罪，或二罪兼有罪，一舉對下院聯席會餘下的十六名成員進行起訴。一些人逃跑了，其中一位，查理斯‧F‧凱利 —— 另一起案件的主要證人 —— 攜帶鉅款跑到歐洲，誰也沒想到他會有那麼多錢。風頭過後，他回來了，手裡剩餘的錢，仍然相當可觀。密蘇里州一位重要的金融家，差不多也是在這個時候離去的，等他與凱利相繼回來時，金融案件的法規限制，庇護了他們兩個人。

在福克獲得的所有成就中，這些失誤大部分得到了利用。有人評論，說福克先生還沒有證明一個非常富裕的人有罪。這時，斯奈德的案子被提到日程上，福克抓住這個機會向眾人表明，即使是錢的力量，也並不是不可抵抗的。斯奈德，這時是堪薩斯城的銀行家，沒有否認或試圖反駁對他行賄行為的指控。他為自己辯護，聲稱自己連續多年居住在本州。福克先生沒有被這個人的辯解弄得措手不及，他證明斯奈德的行賄罪，也證明了斯奈德不是這裡的常住居民，致使這位銀行家被判入獄服刑五年。

其間還進行了另一場審判，審判的對象是下院聯席會的艾德蒙‧伯斯，他被認定犯有行賄罪和偽證罪。但是這時，人們所有的興趣，都集中在對愛德華‧R‧巴特勒的審判上。這位老

闆，人們說過，是不會被起訴的；即使被起訴，也永遠不會受
到審判。現在要審判他了，人們又說，這個人永遠不會被認定
有罪。

當犯罪集團老闆特威德在紐約接受審判時，他的權力被終
止；他的核心組織被粉碎；他的錢財被耗盡，人民對特威德的
憤怒被激發出來了。紐約州律師協會最好的律師起訴特威德，
而聖路易最優秀的律師則為他辯護。他仍然是老闆，擁有數百
萬美元，而且在他身後，聖路易各界的頭面人物 —— 包括金融
界和政界的重量級人物 —— 都在支持著他。人民反對他的心
願，似乎只能以一種跡象表現出來，那就是組建特別陪審團，
其成員經過精心挑選，以防止這些人私下與被告有牽連。這些
陪審團一直堅持判定受賄者們有罪。巴特勒請求換一個城市接
受審判，福克先生提議在哥倫比亞，密蘇里州的大學城。

福克的建議得到採納，巴特勒的幾個兒子帶著隨從，先趕
到哥倫比亞，期望「搞定那裡」。他們大把大把地花錢，且與他
們一起大吃大喝的遊手好閒之徒，人數眾多，巴特勒的人以為
他們「已經掌控這裡」，但他們並不了解哥倫比亞；巴特勒也是
如此。當巴特勒從火車上下來，他快活地問道，「這裡的主要生
意是什麼？」

「教育。」這是他聽到的回答。

「教育！」他脫口喊了一聲。「這算是什麼生意！」他自顧自

地往前走，似乎沒有理解教育是怎麼一回事。他的朋友已經在為樹立巴特勒的「好人」形象做準備，而巴特勒本人也開始證明自己是這樣的人。他在酒吧和街道上受到熱情接待和歡迎，聽到人群中許多人說的奉承話，致使巴特勒的人認為福克別想活著離開哥倫比亞。但福克可比巴特勒更了解這裡的人民。聖路易最關心的事，就是審判巴特勒，而福克與他們的意願一樣堅定，始終認為他的陪審團絕不會妥協。那就意味著，聖路易沉默的人民對賄賂行為深惡痛絕，離開聖路易來到這裡，他更加確信這一點。他是對的，那裡沒有出現抗議福克的示威遊行。他同樣受到歡迎，只是以更莊重的方式罷了。儘管心存成見，但是他所看到的，卻是友好的面孔和善意的目光，陌生人的揮手讓他有一些壓力，但那也是溫暖的。陪審團成員名單透過抽籤的方式確定下來，名單上的人都是民主黨人，其中三位還是民主黨郡委員會委員。有人敦促福克對此提出異議，因為巴特勒上校畢竟是他們核心組織的首領。可是福克接受這份名單，他本來還可以對約翰‧A‧霍克迪任法官提出反對意見，因為這個人也是民主黨人。「不，先生，」福克說，「我是民主黨人，我將在民主黨法官和民主黨陪審團面前，起訴巴特勒。」

　　此次審判的場面可以說是空前絕後，以前沒有過，以後也可能不會出現。古老的法院大樓並不大，位於一條街道的一端，而不遠的另一端就是大學，街道兩旁拴著許多農工的騾

馬。四面八方的人們，趕到這裡觀看審判，而且為了在心裡記住這次審判的意義，人們在法院大樓入口處停下腳步，重讀一遍早些年鑿刻在牆上的一段文字：「啊！正義，如果在別的什麼地方受到驅趕，那就讓這裡成為你的安身之處。」你可以看出這段銘文的恰當性，已經在人們的頭腦裡扎下根來，而且就是以這種精神，他們走進了昏暗的法庭。座位上坐滿了人，人們急切的面孔表達出相同的情感。陪審團觀看著，法官展現了法庭的尊嚴。他雖孤身一人，卻沉著冷靜，而且專心致志，從容不迫，通情達理；人們對他的法律知識很有把握；你能理解他的裁定。說到他的正直，你會深信不疑，甚至覺得他似乎多少有那麼一點偏向被告。我不認為人們會找出什麼錯誤，哪怕是微小的錯誤，用來推翻約翰·A·霍克迪。[01] 即使是檢察官，也是公平的。這不是巴特勒在接受審判，而是州在接受審判，福克先生以前可從來沒有如此真誠地懇求為自己工作的初衷作出說明。法庭之外，一些教堂召開祈禱會。這些聚會是私下舉行的，很有節制；祈禱的市民甚至沒有告訴福克，他們在乞求上帝給予福克力量。這種力量間接地傳遞到福克身上，來自他的客戶，而人民的讚許深深感動了他。事實清楚的案子，得到了清楚的陳述，當福克向陪審團做出最後請求時，他擺出許多重要證據，沒有摻雜任何個人情感，充分表現出一個愛國檢察官服務於民、維護公正的必要職責。「密蘇里，密蘇里，」他輕輕

---

[01] 參見本章結尾的後記。

地，以樸實的、令人信服的真誠語調說道，「我在祈求你，祈求你。」陪審團明白了。法官需要的，只是明確和公平，但是十二個人接受他的指示出去了，等他們回來，他們的結論是：「有罪，三年。」

那就是密蘇里。聖路易是什麼呢？一些年以前，當年輕的巴特勒剛開始墮落時，他因賭博被抓，而針對他的訴訟，聖路易奮起向他提出挑戰。整個城市到處都有人在召開會議 —— 其中一個是在市中心交易所裡舉行的 —— 譴責這個政治領導人。而這個人，總是在犯罪，竟然敢承擔組織賭博的重罪。現在，當他因賄賂罪被捕，被認定有罪、被宣判，聖路易做了什麼？當我們那天返回時，我在大街上聽到的第一個評論是：「巴特勒永遠不會坐牢。」我一次又一次聽到這樣的話，而你現在也可以從銀行家和理髮師那裡聽到類似的話。巴特勒本人的行為舉止合乎禮儀，幾個星期以來，他都待在家裡，直到由最佳居住區的市民組成的一個委員會登門拜訪，請他出面，向州參議院提交一份提案，以改善他們那裡的道路。而巴特勒真的做到了！

許多人在向福克先生打招呼，其中就有來自高層的警告，認為他現在走得太遠啦！接踵而來的，是員警部門的命令，告訴他此後他與員警部門的聯繫，均以書面形式進行。這就意味著監禁行動將會拖延；這就意味著戰鬥還要進行下去。好吧！不管怎麼樣，福克先生也是這個意思。

「警官，」福克對那個帶信過來的人說道，「誰派你來的，就回到誰那裡，告訴他我明白他的意思。另外告訴他，從今以後，我與他那個部門的所有來往，都將以起訴書的形式進行。」

那個部門急忙退避，再三解釋和道歉，並盡可能地提供所有設施。福克先生繼續做自己的事。他開始審理尼古拉斯這個釀酒廠老闆，以賄賂罪對他進行指控。尼古拉斯辯解道，自己並不知曉背書的 140,000 美元支票會做什麼用途。根據這個辯解，法官將案子從陪審團那裡帶走，並作出無罪的裁定。這是福克先生輸掉的第一個案子。但是他拿下了接下來的八個案子，所有受賄的立法者，以十四比一的卷宗紀錄，獲得勝利。但是最高法院嚴格地按照法律條款進行審理，所以案子審理緩慢，這成為這些犯罪分子的最後一招，他們在那裡贏得第一場戰鬥的勝利。[02] 梅森柏格案被退回重審。

福克先生的任期只剩兩年，可是需要他完成的工作還很多，而他又是一位不達目的誓不甘休的勇士。可是結束這一切的突破口在哪裡呢？更多的人有待控告，更多的人有待審判，還有許多腐敗行為需要揭露。不過，聖路易的人民對這些有足夠的了解。對此，他們準備做些什麼呢？

他們已經獲得一個機會來採取行動。1902 年 11 月，就在巴特勒被認定有罪之前，但在審判開始之後，進行了一個選舉活

---

[02] 參見本章結尾處的後記。

動。一些職位的填補，也許不得不與賄賂相關。福克先生接手賄賂案是很自然的事情，但是政客們避開這個問題，兩黨沒有哪個黨「需要」福克先生。兩個黨在湊選票時，都接受巴特勒的忠告。民主黨沒有在競選時提名福克，他們任命巴特勒的兒子競選議會席位，而他因選舉時作弊，一次又一次被驅逐出去。

「為什麼？」我向民主黨的一個領導人問道，而他說，在他的組織，他差不多控制四個選區。

「因為我需要巴特勒的這幾個選區。」他答道。

「可是，這個城市的反賄賂情緒難道不足以抵消這些選區的影響嗎？」

「我不這麼認為。」

也許他是對的。然而，這些陪審團和這些懇求，一定有某種意義。

福克先生說，「百分之九十九的人民是誠實的；只有百分之一的人不誠實。儘管只有百分之一，他們的危害性卻是很大的。」換句話說，人民是很好的，但是缺少領導人。另一位官員──其本人是無可指責的──說道，麻煩的是「找不到第一個扔石頭的合適人選」。

然而，也許是這樣，以下我們來看看實際情況：

在所有這些轟動事件中，以及這種明顯的、難以控制的政治腐敗，天真的市民本來至少應該是決定性的少數派，去年秋

天並沒有參加選民登記。報紙上說，巴特勒有一些旅行車，載著據說是重複投票者四處活動，而且登記註冊的選民數量，好多年以來一直很低。當巴特勒犯罪集團的選票被唱出來時，你聽不到有誰表示抗議。開展獨立運動的時候到了。第三種票獲勝的可能性也許不大，但卻可以向政客們展現城裡有多少誠實可信的票，無論他們是否把這些票計算在內。又可以讓政客們知道，他們不得不預料民眾情緒所產生的力量，及其所形成的後果。可是這種事卻沒有做過。富裕、骯髒，且被掠奪的聖路易，還是忙著做交易。

很快又有一個機會。四月，投票選舉市立法委員，既然市議會一直是最為腐敗的場所，你一定以為賄賂肯定是那時的一個問題。我對此持懷疑態度。1903 年 1 月我在那裡時，政客們正準備採取措施防止賄選，而他們獨創性的方案，就是在選票上做手腳：每個領導團體，應提名一半的被提名人，而這些候選人，就會被集中在完全相同的票上，根本沒有任何對手。為了避免別人懷疑，這些提名將是異常的，是的，「非常好。」

這就是老巴特勒非黨派或兩黨體系。現在，這個體系以富人為後盾發威，這就意味著他們的犯罪集團完好無損，時刻警覺，還很有希望。他們在「為爭取時間而拖延」。罪犯坐在市議會裡；罪犯向上級法院申訴；有錢的人跑到國外；市裡的銀行家 —— 都在那裡等待著什麼。他們在等待什麼呢？

查理斯‧H‧克拉茲──上院前議長，上院聯席會主席和中間人，逃避法律制裁的外逃犯。他的外逃阻礙了那些有錢有勢者罪行的暴露和定罪，這些人仍然控制著密蘇里州人民，並設法不讓賄賂行為成為人民面前的一個政治問題，這種因犯罪而外逃的人，就這樣受到支持。克拉茲在墨西哥被人問到這個問題時，他的回答是：

「我在等福克任職期滿。到那時，我就回家鄉競選密蘇里州州長，並證明我無罪。」

後記：1904 年 12 月。選票並不是「相當的好」。「賄賂」沒有被提到議事日程，也沒有進行「改革」。兩黨兼行的賄賂者，以改革者和「受人尊敬的」商人為後盾，頑固到底。而老大巴特勒重新組織新的州參議院，任命他的人當發言人，並讓他的垃圾處理廠主管出任公共衛生委員會主席。（為了獲利，他曾為這個處理廠行賄，而就根據這一點，他被認定有罪。）

而密蘇里最高法院推翻了巴特勒的案子，並一個接一個地推翻所有其他賄賂案，最終全部翻案。司法的整個機構，在賄賂勢力的逼迫下，逐漸解體。然而，與此同時，福克先生在揭露密蘇里州的腐敗，並宣布自己為州長候選人後，開始向各方求助，從法庭到人民，從聖路易到密蘇里州，呼籲大家支持自己當選。

聖路易的無恥行為

匹茲堡：一座羞恥的城市

（1903 年 5 月）

　　明尼亞波利斯是員警腐敗的例子；聖路易是金融腐敗的例子。匹茲堡這個例子，則既表現在員警腐敗方面，又表現在金融腐敗方面。明尼亞波利斯和聖路易這兩個城市，已經各自找到揭露腐敗現象的官員，匹茲堡卻沒有這樣的人，也沒有這樣的曝光。這座城市從其實體上來說，一直被描述為「揭開蓋子的地獄」；但從政治上來說，卻是蓋著蓋子的地獄。我不打算揭開蓋子。闡述人民知道的、和他們的立場，才是這些文章的目的，不是揭露這裡的腐敗行為。況且曝光匹茲堡，並不是非做不可的事。城裡有些熱心的人，他們聲稱這座城市很快就會自我爆炸，我對此表示懷疑。不過，即使這座城市真的自我毀滅，匹茲堡人從中了解的情況，也不會比他們現在知道的多。這不是說無知讓美國公民服從，也不是說冷漠讓美國人民屈從。匹茲堡人，尤其是他們當中強壯的少數派，知道自己的關切，他們已經奮起打破犯罪集團的圈子，並獲得勝利，只是四處尋找，發現他們身邊又出現新的圈子。他們憤怒和羞愧，試圖爭取自由卻又失敗，匹茲堡就是這個類型的城市。

　　同樣是一座健全的城池，匹茲堡是賓夕法尼亞州的第二大

城市。兩條河流從其境內流過，形成第三條河，通向前面的俄亥俄州。在其周邊和地下，蘊藏著豐富的天然氣田和煤礦，為這裡的數千高爐提供燃料。每個白天，這裡的天空飄散著煙霧，到了晚上，就可以看到紅彤彤的爐火，使匹茲堡成為美國的伯明罕。從居民的生活品質上看，豐富的自然資源使這裡成為最富裕的地區。人們六天六夜都在勞動，煉鋼煉鐵，但他們不覺得勞累。到了第七天，他們休息，因為那天是安息日。他們是蘇格蘭長老會教友和愛爾蘭新教教徒。這一世系的實際多數，並非很多年前自然形成，如今，雖然從嚴格意義上來說，匹茲堡的人口已成長到 354,000 人（如果把河對岸亞利加尼地區的 130,000 算在內，加上其他地區的人口 —— 儘管這幾部分在政治上是分離的，但本質上是大匹茲堡不可分割的組成部分 —— 其人口總數已達 750,000），蘇格蘭人和蘇格蘭 —— 愛爾蘭人仍然占據主導地位，而其清潔、剛毅的面孔，能讓人在大街的人流裡，一下子就識別出來。精明、忙碌、勇敢，他們幾乎是在無人知曉的情況下，建立起自己的城市。這裡的人即使賺了幾百萬，也不會向外人提起。直到外面的人，進來買下他們當中一些人的產權，這個世界（匹茲堡和一些百萬富翁也包括在內）才發現，這座鋼鐵之城不僅生產鋼鐵和玻璃，也生產千萬富翁。大約三年前的某天，一位銀行家悄悄告訴一個商人，不用六個月的時間，「匹茲堡就會誕生大約 100 個新的百萬富翁」，而後來他們的出現，完全符合預期。除此之外，十萬富翁

126

那就更多了。但是，即使這麼多有錢人聚集在這裡，也沒有對這座城市造成傷害。匹茲堡是繁榮的城市，這裡的人們不喜歡炫耀，他們是一群勤勞、健康、穩重的人。

　　然而，雖然他們在其他某些方面也很出眾，但是在政治上，以蘇格蘭 —— 愛爾蘭人為主體的匹茲堡，並不比以愛爾蘭人為主體的紐約或以斯堪地那維亞人為主體的明尼亞波利斯好多少，與以德國人為主體的聖路易相比，也只是稍好一點。這些民族，就像自由美國人的任何其他血緣親戚，打劫政府 —— 讓政府遭到打劫，並向打劫犯罪集團的老闆鞠躬。在非美國式藉口當中，沒有任何託辭，說這個或那個外國國籍，玷汙了「我們偉大而又光榮的社會公共機構」。我們都出賣了自己城市的名譽，所有的，都以相似的方式繁殖。沒有任何抱怨能證明，我們城市的底層人口是我們的恥辱來源。聖路易的腐敗就是來自上層，明尼亞波利斯的腐敗則源自社會底層。在匹茲堡，腐敗現象既存在於上層，也存在於底層，但根源在上層。

　　鐵路建設開始了這個城市的腐敗進程。正如一位年長的公眾人物，在與我交談時說的那樣，「始終有一些不誠實的行為」，但是在最早的大公司使這座城市商業化並獲得尊敬之前，不誠實的行為或犯罪行為，還只是偶爾出現的現象。匹茲堡市政府發行債券，以便幫助剛剛興起的鐵路建設快速發展，然而，與美國的許多其他城市一樣，道路部門拒絕清償債務和利息，

並進入政界。賓夕法尼亞鐵路從一開始就在這個體系當中，而且，當其他鐵路公司走了進來，發現市政府已經被先前的鐵路公司買通，他們便賄賂原有的鐵路公司，來購買他們的線路權，然後加入這個圈子，為自己獲取更多權利，並阻止遲來的對手進來。隨著公司翻倍地出現，資本業務一再拓展，腐敗現象自然而然也就多了起來，但是「匹茲堡計畫」弊政的顯著特點是，這個計畫不是偶然發展的，是一個深思熟慮後組建起來的智慧組織的成果。它是一個頭腦設想出來的、一個意志建立起來的，而這個傑出人才，與紐約的克羅克，一個穩定的多數派不同，也不像聖路易的巴特勒，一個跨黨派的少數派；這個人所統治的，是整個城市的金融、商業和政治。匹茲堡的老闆就是他，克里斯多夫・L・馬吉，一個偉大的人。當他去世時，他被匹茲堡許多強勢人物認為是最有影響力的公民。

馬吉是一位很有魅力的人物。我曾見過，當有人譴責馬吉的圈子，匹茲堡人的臉色就會沉下來。但是當我問：「馬吉是一個什麼樣的人？」他們就會冷靜說道：「馬吉？馬吉是上帝創造出來最優秀的人，是一個最好的人。」如果我笑了，他們會說：「沒關係。你可以笑，你可以著手揭露這個圈子。你可以把這座城市描述為全國最差勁的地方。但是如果你誤解馬吉，你就會引起匹茲堡人的憤怒。」然後，他們會告訴我說，「馬吉敲詐了這座城市」，或者，也許，他們會說到一筆基金，用來為這位已

故的老闆豎立一個紀念碑。

所以，我必須要小心。首先，從技術層面上來說，馬吉沒有敲詐這個城市，這不是他的方式。而且在賓夕法尼亞州，也真的沒有必要這麼做。不過可以肯定的是，不值得為這個人建一座紀念碑。

馬吉是一個美國人。他父親的曾祖父參加過美國獨立戰爭，並在戰爭結束後，定居在匹茲堡。馬吉出生於 1848 年 4 月 14 日，耶穌受難日。直到他 15 歲時，才被家裡送到學校讀書。後來，他父親去世，他的叔叔，那時是一個老闆，在市財政局幫他找了一份工作，讓他有一個不錯的生活起點。在他剛滿二十一歲時，他就當上了庫司；兩年後，他又以絕對多數票，當選市財政局長。

諸如此類的人，天生就具有一些人氣，不過，雖然他系統化、資本化自己的人氣，但總歸會有到頭的那一天，因為人氣的基礎畢竟在善良的心和個人魅力。馬吉身材高大，體格強壯，形體優雅。他的頭髮濃密，呈暗黑褐色；他的短髭鬚，還有他的眉毛，也是黑色的；他的臉龐，雖然看起來那麼親切，流露出爽朗的善意，但無疑表現出對權力的渴望。他野心勃勃，渴求權力，而他善良之心完全受其精明頭腦的導向。

當馬吉看到自己身邊自然形成一批追隨者，雖然他還年輕，他還是意識到應該利用自己的優勢。他辭去職務（只保留消防

委員一職），公開表示自己想當老闆的意願。他決心讓自己的圈子完美，他去費城，研究那裡正在實施的計畫。後來，當特威德集團土崩瓦解時，他花了幾個月時間，在紐約觀察坦慕尼派的標準化方法，以及造成該派暴露並分裂的錯誤。他懂了，開朗且直率的態度能緩和公眾的義憤。他將自己在紐約的所見所聞，講給一位同鄉聽（而這個人又告訴了我）。當馬吉回來後，他報告說，一個圈子可以建得跟銀行一樣安全。一開始，他所在的城市正忙於自治，兩個政黨也不那麼對等，而且組織得都不太好。他自己清楚地擁有自己的領域，還擁有城市、郡和州的多數黨。賄賂現象存在著，但是由許多人分享，而且散亂無章。統治工具是 1816 年的舊章程，授予市政委員會、眾議院和參議院所有權力 —— 立法權、行政權和行政執法權。市長就像個治安官，沒有什麼權利，也不用負什麼責任。事實上，任何地方都沒有什麼責任可言，沒有什麼部門。通常由政府部門完成的工作，被市議會的各委員會所代勞，不拿薪水的、也沒有什麼責任的議員，被分別組織起來，在馬吉著手建立獨裁權力之前，形成了聯席會。

　　為了控制市政委員會，馬吉必須組織選區，而他在初期做得非常成功。這時，一個新的重要人物出現了，他就是威廉·弗林。弗林是愛爾蘭人，信奉新教的天主教徒，一流的承包商，天生的政客。他在自己的選區，戰勝了馬吉的一個兄弟。

馬吉笑了起來，一番詢問之後，發現這是一個性格與自己相反、或許能夠互補的人才，於是便與弗林建立合作夥伴關係。一個快樂的、互惠的組合，他們的合作維持到終身。馬吉想要的是權力，而弗林想要的是財富，他們各自滿足自己的需求。但是，為了獲取更多權力，馬吉花費他的財富；而弗林透過運用權力，獲取更多的財富。馬吉是播種人，而弗林則是收割的人。在與人們打交道時，這兩人對彼此都不可或缺。馬吉吸引追隨者，弗林僱用他們。馬吉贏得的人，弗林強迫他們服從；而他失去的人，馬吉再把他們爭取回來。當市議會第一次處在他的控制之下，馬吉站在大廳裡引導他們，其手法總是提出建議或請求，有時就會出現一個卑鄙的、不領情的傢伙，說自己無法聽從。馬吉就會告訴他，這沒有什麼關係。這可能保住這個人的面子，卻讓他失去選票。所以，弗林站到大廳告示板前，說道：「喂！你去投贊成票」。如果他們不服從這個簡單明瞭的命令，弗林就會懲罰他們，其手法如此嚴厲，迫使他們去找馬吉抱怨。馬吉安慰他們，「不必理會弗林，」他會同情地說，「他也帶給我沒完沒了的麻煩。不過，我倒希望按照他的要求去做，就當是去為我做事，讓我來對付弗林。我會收拾他。」

馬吉還可以發號施令，組織戰鬥和實施懲罰。如果他一直是孤獨的，他很可能會隨著歲月的流逝而變得更加冷酷無情。弗林也是如此。馬吉去世後，他則一天天變得溫和，但為時已

晚。他是馬吉的得力助手，對他來說，他離不開馬吉。糖蜜和醋，外交和武力，頭腦和意志，他們相互配合得非常有默契。但是，馬吉是個天才，正是馬吉奠定了他們共同制定計畫的基礎。

馬吉老闆的想法，並不是讓市政府墮落腐化，而是要取代政府；不是透過收買等方式在市政委員會爭取選票，而是要控制自己的市政委員。所以，將自己組織的控制權抓在手裡後，他提名粗鄙和可信賴的人充當市政委員會特別委員和一般委員會成員。親戚和朋友是他的第一選擇，然後就是調酒師、酒店老闆、白酒經銷商，以及一些邪惡行業的惡棍，這些人受制於員警條例，以經商的方式依賴於法律弊端。至於餘下一些人，他喜歡僱用沒有明顯經濟來源的人。為了維持這些人的生計，他採慣用的手法 —— 贊助。為了使他的家屬安全，他接管郡政府。匹茲堡位於亞利加尼郡境內，而共和黨在這裡的勢力要比在匹茲堡強大。不管市裡發生什麼事，郡的薪資表總是馬吉的，而且他使郡成為市政府的一部分。

掌控這個城市和郡所有重要職務的任命權，馬吉開始蓄意挖民主黨的牆角。少數派組織對多數黨領袖是很有用的，在平常的日子，這樣可以免除他的麻煩和擔心；如果黨出現危機，他可以利用這個組織來敦促自己的追隨者歸隊；當城市裡的人民奮起反抗，絕對統治權就是必不可少的手法。你具有的權力

不僅要防止少數黨領袖與好市民結合，還要有能力將兩大組織聯合起來，對社會進行強制改革。此外，假想的反對黨存在，分化了獨立選票，並有助於維持活躍的情緒，「忠誠於黨」，這是老闆約束不守規矩的屬下最好的口號。所有老闆，正如我們已經在明尼亞波利斯和聖路易所看到的，超越黨派偏見。馬吉，他們當中最聰明的，也是最慷慨的人，喜歡戰勝對他有用的對手。每當他聽說某個選區有個能幹的民主黨人，他就會派人找來自己的共和黨領導者，「某某是一個很好的人，不是嗎？」他總會這樣問。「他打算給你一個機會，是不是？那就弄清楚他想要什麼，我們就會明白可以做什麼了。我們一定要把他拿下。」就這樣，那個能幹的民主黨人，為自己或為朋友謀到了職位，而他所在的市或郡買單。曾有人告訴我，差不多有四分之一地方的薪資表，由民主黨掌握，當然，他們感謝馬吉，是他在緊急情況下運用自己的影響力，與反叛的共和黨人抗衡。很多時候，一個屈從的民主黨人，獲得共和黨的選票，打敗「危險」的共和黨人。而馬吉，當他的職業生涯接近尾聲，希望進入州參議院，兩黨聯手一致同意對他的提名，並選他為州參議員。

　　商人，幾乎與卑鄙的政治家一樣，也來了，而他們的到來，同樣是由市政府承擔費用的。馬吉已經控制了公共資金和資金託管機構的選擇權。對一般的銀行家來說，這就足夠了——

不是說他的機構被選中，而是說他的機構也許在某一天有希望被選中——因為馬吉只與匹茲堡最好的金融機構打交道。而且，這種業務，不僅能使這些銀行家溫順，還能為他和弗林在他們的銀行獲得信貸。接著，弗林和馬吉的業務，同樣很快就發展起來，其大規模很快就吸引最大的金融機構。這些銀行家希望從貸款中獲取自己的利潤，從而使他們在大宗交易的絕好機會裡，進行資金的分配和分享。由此，在匹茲堡形成了銀行的圈子、信託投資公司的圈子、經紀人圈子。市政一些小的獎勵、津貼和特權，良好地掌控著生產廠商和經銷商，例如鐵路道岔、鐵道側線、碼頭泊位、街巷空地。這些街頭空地在大多數城市具有巨大的功效。一家鑄造廠占據了一個街段，並擴展到相鄰街段，希望獲得兩個街段之間的空地。在聖路易，商人為自己的街道行賄；在匹茲堡，商人得去找馬吉。我曾聽到有個人這樣讚美馬吉：「因為當我去拜訪他時，他辦公室外面坐滿了等待接見的政客。但是他知道我是一個商人，很忙，便先把我叫進去，沒有跟我做任何爭論，就給我那條街的使用權。我告訴你吧！馬吉去世的那一天，是匹茲堡人最悲傷的日子。」這個人，美國無處不在的典型商人，並不會比政治家們更關心自己所在城市的利益。而在這樣的言論裡，美國政治所顯露的腐敗，要比大多數曝光的細節更加聳人聽聞。匹茲堡的商人為了能在「競選經費捐款活動中」獲取他們的小恩小惠，再加上為了保住自己老闆臉面，或為了獲得市民的廣泛許可，以及支付高

額稅收（這可能對他們卑鄙的靈魂有吸引力），而不得不掏錢。

至於鐵路公司，他們不必等人收購或驅使他們進入，他們來了，同樣是迅捷的。賓夕法尼亞州出現的早一些，正是馬吉在背後發揮作用。他經營鐵路公司的通行事宜，並在市政委員會和後來的州議會留心觀察，確保鐵路公司的利益。賓夕法尼亞州鐵路的通行，尤其是通往大西洋城和哈立斯堡的線路，在匹茲堡一直就是「偉大的嫁接」。對那些馬吉控制通行用得到的人，他們所具有的價值，超過一張選票的價格，「剎那間出現」某個人，就是展示其權力的徽章和與圈子的關係。當然，如果犯罪集團裡的大人物在商業交易中陷入困境，他們就能從鐵路公司那裡得到財政援助──例如股市內部消息，股市投機及其他資金周轉方式，還有政治上的支持。賓夕法尼亞鐵路公司是賓夕法尼亞州政治中的一股力量，是州議會圈子的一環，也是匹茲堡圈子的組成部分。城市為所有各式各樣的權利和特權，以及街道、橋梁等支付款項，並在某些時期，城市的商業利益做出犧牲，任由賓夕法尼亞鐵路公司獨自控制貨運業務。

控制了市、郡政府、共和黨和民主黨的組織、鐵路公司和其他企業、金融家和商人，馬吉只需要州議會，能讓他擁有絕對的權力。而他獲得了這樣的權力。在紐約，那裡一個黨控制部門，而另一個黨控制城市，在這些城市裡的人們，也許會期待從兩黨對峙的狀態中得到一些保護。在賓夕法尼亞州，共和

黨具有壓倒性的優勢，而位於哈立斯堡的立法機構，是賓夕法尼亞州各個城市必不可少的部分，這個立法機構是由州議會統治的。馬吉的圈子是州議會圈子的一個主要環節，而且沒有更多的權力說明州圈子能夠成為馬吉圈子的一個環節。這樣的安排很容易就做出來。有一個人，名字叫馬修・S・奎伊，從人民那裡接收到州的所有權力，馬吉見到了奎伊。他們沒有絲毫的麻煩，就達成相互理解。弗林在參議院，馬吉在議會大廳，他們為奎伊在州議會的交易提供政治支援，作為報答，奎伊則向他們交出州立法職能部門。

儘管這樣的理解，在我們的政治當中，是司空見慣的事，但他們通常採用口頭協議，而且維持得相當不錯。馬吉和奎伊之間的這種理解，還建立起祕密的、相互信任的關係。但是遇到危機，奎伊有辦法獲得勝利的關鍵點，而馬吉的權力欲望卻沒有極限。所以，為了權力和戰利品的分配，奎伊和馬吉開始爭吵。經過幾年的爭執，他們開始以書面形式達成協議。這些珍貴的文書從未被公開。但是在一次激烈的爭吵時，該協議被打破了，當時威廉・弗林和 J・O・布朗承諾解決分歧，重訂契約。弗林親手用鉛筆抄錄了經過修訂的協議副本，並交給奎伊，而奎伊的兒子後來把這份協議拿出來公布於眾。本文複製了其中一頁。這是一份完整的合約，其中包括所有無意識說出來的幽默語句，例如「第一部分的一方」和「第二部分的上述一

方」，還有對誇口擁有自治政府的人民在政治、法律、商業等方面的侮辱：

「第一部分的 M‧S‧奎伊與第二部分的 J‧O‧布朗和威廉‧弗林之間的諒解備忘錄和協定，這個協定基於這樣的考量，即此協定也許能導致雙方在政治和商業方面形成優勢互補。」

「第一部分的 M‧S‧奎伊在第二部分所說的各方、所有州政治事務和民族事務當中從其影響力受益，而上述各方同意，他們將確保參加州代表大會和全國代表大會的代表選舉，並按照第一部分的意願，引導代表參與所有問題。這些代表還將確保從第 43、44 和 45 選區選出州參議院成員，在本協議關於處理所有政治問題的存續期間，根據第一部分所說的一方意願和請求，還要確保選出亞利加尼郡莫農加希拉河和俄亥俄河南部眾議院成員，並引導他們。所提到的各個位置的不同候選人，將由第二部分的各方加以選擇，而且，如果任命是由或透過第一部分的黨，或他的朋友，或他的政治夥伴提出，這個地區任命的州和全國的所有位置，應能滿足並確保第二部分的黨的贊同。影響第二部分各方的所有立法，也影響第二類城市，應受到第一部分的黨真誠的合作和協助。而可能影響他們交易的立法，同樣也應得到第一部分的黨的真誠合作和幫助。全國代表大會很快就要在聖路易召開，關於這次會議，已經達成明確共識，即來自第二十二國會選區的代表，無論是發言還是投票，

都必須滿足第一部分的黨的意願。第一部分的黨同意使用他的影響力，並保證支持他的朋友和政治夥伴支持共和黨在郡、市的票，一旦得到提名，無論是在匹茲堡與亞利加尼市，還是在亞利加尼郡，在本協議延續期間，他都將透過他爭奪郡職位的朋友和同事，阻止派系爭鬥。該協定對第二部分的各方不具有約束力，任何定居在亞利加尼郡的候選人，都可競選任何職位。如果第一部分的黨是美國參議員候選人時，就目前職位而言，希望成功連任，該協議將具有約束力。在第 43 參議院選區，應選出一個接替參議員厄珀曼的新參議員。在第 45 參議院選區，第一部分的黨應保證 A・J・巴希費爾德博士退出，而第二部分的各方將撤換參議員候選人斯蒂爾，第二部分的各方將確保選舉讓某個黨當選，以使他們感到滿意。在第 22 國會選區，國會議員候選人將由第二部分的黨挑選。此協議自簽字之日起長年有效，並在 C・L・馬吉簽字之後，對所有各方具有約束力。」

就這樣，匹茲堡市由州轉交給個人隨心所欲地加以管理了。馬吉的圈子是完整的，他就是城市，弗林就是議會，郡是他們的，而且就匹茲堡市而言，他們擁有州立法機構。馬吉和弗林就是政府和法律。他們怎麼會犯罪呢？如果他們想從城市獲取什麼，他們通過一項法令授權就是了；如果與其他某些法令發生衝突，那就廢除或修訂這些法令。如果州的某些法律妨

礙他們，州的這些法律也要修訂。如果國家憲法被證明是一個障礙，就像所有的特別法，立法機構就會為第二類城市（匹茲堡獨有的）指定一項法律，而法院支持立法。如果公共輿論反對，這種措施也同樣有其用途。

1886～1887年間，大衛・D・布魯斯透過發起民眾運動與議會的鬥爭，拿到新契約，他的做法成為馬吉，以及在他之後的奎伊和賓夕法尼亞其他老闆仿效的例子。隨著他的統治機器的增強，馬吉覺得市議會各委員會運轉不靈便，他想在某些方面做出改變。他拿起布魯斯的憲章，該憲章將所有行政與管理的權力和責任，都集中在市長及其各職能部門領導者身上，使其通過立法，但是也做出這樣的修改 —— 即各部門負責人不再由市長任命，而是透過議會選舉產生。這些選舉在上屆議會期滿時舉行，這樣一來，各部門主管職位就會延期，而他們的贊助人保證重新選舉出來的市議員，會選他們擔任各部門主管。馬吉 —— 弗林的政治機器，比以前更完善，自生自存。據我所知，在任何其他城市，都沒有過這樣的事。比較起來，坦慕尼派就像是個玩具，從城市管理角度上看，克羅克（Richard Cro-ker）就像是馬吉身邊的一個孩子。

為了便利，匹茲堡貪汙受賄的方式分為四大類：特許經營權、公共合約、色情場所、公共資金。除了這些，還有很多其他混雜的掠奪物品 —— 例如公共用品、公共照明、自來水供

應。從市政工程租用的供水租金總是降不下來，因為向南部供水的私人公司，其收費不能超過城市；為城市供氣的一份煤氣供應合約，被輕率地加以利用。但我不能對此一一進行探究，也不能停下來詳盡地去了解這個體系。公共基金被以無息的方式留給他們選定的銀行託管，而城市需要用錢時，要以高額利息才能借出，或將資金轉移到銀行，而銀行的股東正是他們圈子裡的人。所有這些事情，都是在法律允許的範圍內經營，偉大的匹茲堡計畫，潛在的原則就是這個。

就拿色情行業裡的貪汙來當例子吧！這裡與紐約和其他大多數城市都不同，沒有敲詐勒索的現象。這是一種合法生意，不必聽從警方的指揮，而是由辛迪加（syndicat，工會、聯合組織）以有序的方式進行管理，上次選舉獲勝那方的一位主席說過，這個行業每年給他們帶來的利潤是 25 萬美元。我見過一個人，他因提供 1 萬 7 千美元申請吃角子老虎機特許經營權，而受到人們的嘲笑。有人告訴他，想租用老虎機，那需要繳納更多的錢才行。非法經營的酒店或無證賣酒的沙龍拿的錢更多，如果他們 24 小時賺的錢為 500 美元左右的話，酒店或沙龍業主的收入，也就只能勉強維持生計。妓院由行政區房地產合夥租賃團進行管理，許可由集團的房地產經紀人授予，經紀人獨自就可以出租房屋。租賃團從屋主那裡租房子，比如每月 35 美元，然後轉手以每星期 35 ～ 50 美元的價格，出租給妓女。至

於傢俱，租客必須去「法定傢俱店」購買，而傢俱店則以 3,000 美元的價格，將價值 1,000 美元的「設備」賣出，然後依票據，以很高的稅率繳稅。至於啤酒，租客必須去「法定啤酒供應商店」進貨，一美元一箱的啤酒，繳納 2 美元稅金；而葡萄酒和烈酒，則要求去「指定售酒專員」那裡購買，5 美元的酒，他賣 10 美元。如果要買衣服，必須去「指定服裝店」，這些妓女如果想買鞋、帽、飾品、任何其他奢侈品或必需品，要以指定的壟斷價格，從官方特許經銷商那裡購買。如果妓女們還有什麼剩餘的，員警或其他城市的官員就會打電話，要她們送過去（在匹茲堡有些以前當過員警的這種官員）。不過這是敲詐和體制外的，而這種做法也得到社會的理解。許多人，包括社會各界人士，分別對我說出那些被指定的經銷商名字，其中就有賣酒的、賣珠寶的，賣傢俱的；他們雖然聲名狼藉，卻過著安然無恙的生活，因為他們沒有做任何違法的事。無論多麼難以忍受，多麼卑鄙，隨你怎麼想吧！匹茲堡的體系是安全的。

這是馬吉 —— 弗林計畫的基調，但色情業不是他們的生意。他們因抑制混亂的、表面正派的色情業條例而受到讚頌，這可是匹茲堡的一個特點。我知道，有人說過，在費城和匹茲堡的計劃之下，這兩個城市在這方面十分相像，「所有貪汙和所有贊助，都要越過一張桌子」，但是，如果任何「贓款」送到匹茲堡老闆的手裡，就目前我可以證明的，是以向黨捐助基金

的方式進行，而從色情業經銷商拿來的錢，則要透過其他商人轉手。

馬吉和弗林，匹茲堡的擁有者，使匹茲堡成了他們的交易場，而且，按照經濟學術語的意義，壟斷者準備盤剝這裡的資產，似乎這是他們的私有財產。為方便起見，他們對這些資產進行劃分。馬吉拿走金融企業的一些分支機構，並把街道轉給他所用，提供自己專營權，以及建築和鐵路經營。

弗林為他的公司 —— 布魯斯弗林有限公司，大規模地投標市政工程公共合約，他的許多分支公司也蓬勃發展。破舊的街道得到重修，新的街道得到鋪建；整個地區的環境得到改善，還建了幾座公園，蓋了許多樓房。在隨後的好幾年裡，他們改造城市的步伐邁得很快，其間只有一個週期停了一段時間，那是因為馬吉要在這個時期修建公共交通運輸設施，工程太多，布魯斯弗林有限公司不得不把所有力量都投入這項工作上。有人說，任何其他承包商都無法有如此充分的「成套設備」，以適當地補充布魯斯弗林有限公司的工程項目，也許這就是為什麼這家公司不得不總是做這種大型公共工程的原因。弗林的公共工程總監 E・M・畢吉諾，馬吉的表弟，老鄉紳斯蒂爾的另一個侄子；畢格羅，人稱奢侈者，負責制定規範，他把工程賞給那些最不負責任的投標人，然後在施工期間和完工後，去進行檢查和驗收。

弗林有一個採石場，這裡的石材被指定為公共建築專用材料，他獲得某種瀝青使用的壟斷權，而這種瀝青又被指定為必須採用。事情遠不止這些。如果官方承包商完成了自己的項目，價格又合理，該市本不會直接蒙受損失；但是他的方法讓產權人難以忍受，引起他們的憤慨。然而，這些產權人並沒有採取任何行動，直到奧利弗‧麥克林托克，一個商人，公開站出來憤怒抗議這樣的合約，並透過法庭與他們進行抗爭。這位單打獨鬥的公民，其堅持不懈、英勇奮戰的事蹟，是該市政府史上最好的故事之一。懦弱的市民，要麼皺眉，要麼警告，但都沒有打動他，他也不懼怕其他商人的聯手抵制、犯罪集團的威脅，以及他們的嘲笑。喬治‧W‧格思里後來加入他的行列。雖然他們無畏地堅持抗爭，還是一次又一次地被打敗。市政工程的主管，控制著法院審判程序的立法提案權；他選擇的法官，可以任命法庭視察員。其結果是，據麥克林托克的敘述，視察員報告是由市政工程部門編造出來的。明知沒有獲勝的希望，麥克林托克先生對弗林修建的一些街道進行拍照，那裡被挖開的路面顯示，「從下水道裡挖出的大塊石頭，半截的磚，鋪設人行道剩下的破舊煤焦油碎片，都被胡亂地棄置在洞裡，用作地基的填充物，結果造成地基不穩固、凹凸不平，沉陷或破損的路面，在城東的人行道上四處可見。」一個瀝青公司以外的人試圖打破壟斷，但是在 1889 年，輕易而舉地就被打敗，只好退出。事後一位官員說，「我們大家都給匹茲堡廣泛的操作空間，

承認進行競爭是無效的。市政工程部門的大門已被鎖上，不讓我們進入，而拿鑰匙的，正是布魯斯弗林公司。」壟斷不僅造成高額的短期擔保，而且還影響所有其他臨時性工程。

「採用 1887 年章程後的九年裡，」奧利弗・麥克林托克先生在寫給全國市政同盟的報告中說道，「一家公司（弗林的公司）幾乎承接了所有的瀝青鋪攤合約，其價格範圍從每平方碼 1 美元到 1.8 美元，明顯超出周邊城市的平均價格。依據 193 份合約記述，這 9 年裡，鋪設的瀝青路面總量中（耗資 3,551,131 美元），只有 1896 年的 9 個路段不是這個公司鋪設的，成本為 33,400 美元。」

這個城市的橋梁建築、路面維修、公園建造、城市預期改造的房地產交易，對市民來說都是引起反感的各種原因，但是對另一些「被允許以地板價參與工程的」公民來說，則是豐厚利潤的來源。限於篇幅，本文對這些人的情況就不詳細說了。另一次曝光是在 1897 年，涉及的是一份新建公共安全大樓的合約。J・O・布朗是公共安全部門的主管。一家名字叫《領導者》的報紙，呼籲民眾關注這項工程的交易；喬治・W・格思里和威廉・B・羅傑斯，匹茲堡酒吧業的領軍人物，開始追究此事。他們發現一套建築本身詳細的計畫書特別異常，任何一個其他城市，都沒有過這樣的紀錄。受到優待的承包商被提名承建大樓，所準備採用的物品全部通過。J・O・布朗在寫給建築商的

一封信裡，包含他所偏愛的物品的具體規格，例如：「務必把西屋電氣公司生產的照明設備和發動機列入工程計畫書」、「盡可能詳盡地繪製范·霍恩鋼鐵公司的框架」，附加條款規定，石料由弗林的公司提供，而這是引起騷亂的又一個主要因素。弗林的採石場出產利戈尼爾石塊，而利戈尼爾石塊是指定的建築石材。在布魯斯弗林有限公司的一封信裡，他們告訴建築商，指定的價格是 31,500 美元。一個當地的承包商表示，願意提供田納西州花崗岩，但是運費較高，約 19,880 美元，但這沒有什麼關係。然而，當地另一個承包公司，願意以 18,000 美元提供利戈尼爾石塊時，改變就是必要的了。J·O·布朗指示建築師「明確規定，利戈尼爾石塊必須是淡藍色，不能是雜灰色。」弗林的採石場有這種淡藍色石料，其他人的則是「雜灰色石塊」。還有證據顯示，弗林 1895 年 6 月 24 日寫信給建築師，說：「我今天已經見過布朗主管和古爾利審計官，他們已同意讓我們開始實施施工計畫，並為新的建築準備石料。請做出安排，讓我們在星期三之前拿到草圖……」草圖提供給他，這樣一來，早在招標廣告發布之前，他就已經開始準備淡藍色石料。議會委員會裡坐滿了人，他們都聽到了指控，但這些指控沒有一條是針對他們的；而且，除此之外，他們針對的是公共工程的主管，而不是威廉·弗林。

老闆並不是官員，不承擔任何責任。弗林唯有一次身處

險境，是市檢察官判定的一個案子，W・C・莫蘭和 L・H・豪斯，他的兩個助手，犯挪用公款罪。這些官員被發現短缺約 30 萬美元。其中一人認罪，兩人都被送進監獄，但是都沒有說出錢去了哪裡，而這些資訊直到後來才被披露出來。《領導者》報導 J・B・康奈利在市檢察官辦公室找到的支票存根顯示，大約 118,000 美元已經劃給弗林或布魯斯弗林有限公司。當有記者第一次就此事詢問弗林時，他說，款項的數目是對的，他拿走了那些錢，但他已經向審計長解釋過，審計長也表示同意。這樣的回答顯示，這筆錢屬於城市。當城市要求他說明情況時，他說他不知道這是城市的錢，他以為這是從豪斯那裡拿到的私人貸款。現在豪斯不是一個富裕的人，他的薪資每年只有 2,500 美元。此外，這些支票（本文複製了其中兩份）由市檢察官 W・C・莫蘭簽字，其數額從 5,000 美元到 15,000 美元不等。但是，錢在哪裡呢？弗林作證時說，他已把錢退回給豪斯了。那麼，收據在哪裡呢？弗林說，布魯斯弗林公司的辦公室曾發生過火災，這些收據就在那時被燒毀了。法官作出有利弗林的裁決。他們認為，沒有證據證明弗林知道這些支票是公眾的錢，也沒有證據顯示他沒有退還這些錢。

然而，正如我以前說過的那樣，不合法的行為在匹茲堡是很少見的，也是不必要的。馬吉並沒有盜取特許經營權，然後賣出去銷售，是議會把這些特權給了他。他和忙碌的弗林拿

到這些特權，就像其他事業成功的人一樣，馬吉透過賣出、買進、資金資助和運作等方式，利用這些特許經營權修建鐵路，並被認為是年輕人應該學習的榜樣。他的鐵路，合併到電車聯合公司，其資本被核定為 3,000 萬美元。匹茲堡的公共債務大約是 1,800 萬美元，而克里斯多夫‧L‧馬吉的鐵路建設利潤，就足以抵消債務。「但是你必須記住，」他們在匹茲堡的銀行裡說，「是馬吉承擔著風險，而他的利潤只是企業的報酬。」這就是商業。但是從政治上來說，這是統治權力的濫用，因為受歡迎的老闆馬吉以他自己開出的條件，給發起人馬吉所有他想占有的匹茲堡街道 —— 永遠，什麼也不用支付。在芝加哥有一個醜聞，批准的許可證期限為 28 年和 50 年。馬吉的理解是：「950年」、「999 年」、「該許可證將存在一千年」、「該租約將永遠存在」，市政委員會所給予的特許經營權，是「終身租約」。有個傳說，馬吉一個喜歡作弄人的兄弟弗雷德‧馬吉，為了樂趣，把這些短語放入政府獎勵當中，毫無疑問，和藹的馬吉也看到了其中的樂趣。我問道，是否可以把同樣愛開玩笑的人放入車輛稅，因為這是城市長期使用其街道可以得到的唯一補償；但有人解釋說，這是一個疏忽。汽車稅被放入老式馬車，後來又向電車徵收，因為一直沒有人繳納，就被遺忘了。這個車輛稅，對資產達 3,000 萬美元的公司來說，每年至少應繳納 15,000 美元稅金，而幾家公司直到最近才不情願地打算繳納。1885 年後的十二年間，所有的交通公司，共同支付城市 60,000 美元。而

老式馬車在 1897 年支付 47,000 美元，腳踏車 7,000 美元，綜合電車公司 [03]（C·L·馬吉先生的公司）支付 9,600 美元。腳踏車和馬車的速度受法律限制，而有軌電車卻不受約束。法律對他們的唯一要求是，有軌電車公司必須堅持維修軌道兩側一英尺之外的人行道。

但是，他們並沒有照辦。他們要市裡安排 20 名員警守衛交通線路的換乘點，每年支付的薪資就達 2 萬美元。

因為犯罪集團並不滿足於街道所帶來的好處，他們便設法讓城市為鐵路工作。市政府被視為有軌電車公司的「工作人員」，建築橋梁是他們的功能之一。匹茲堡是一座有著許多橋梁的城市，但其中多數適用於普通的交通運輸。當馬吉的鐵路需要通過，其中一些橋梁不得不重建。儘管受到市民和媒體的抗議，該公司還是要求市政相關部門必須以良好的條件重建鐵橋，並為了適應軌道鋪設而進行路基建設。一旦有市民申請特許經營權，鋪設一條與現在的布隆非鐵路線相連的線路，並建造一座橫跨賓夕法尼亞線路的橋梁免費供城市使用，那麼作為一種補償方式，他們能擁有的權利，也就是在這個線路上運行他們的車罷了。他們沒有得到專營權。克里斯多夫·L·馬吉

[03] 匹茲堡市所有電車公司於 1901 年終止經營，合併到匹茲堡鐵路公司，經營線路為 404 英里，經營資本約 8,400 萬美元。1902 年 7 月 1 日，他們發布一份業績報告。報告稱 1901 年總收入為 7,081,452.82 美元。1902 年，他們向匹茲堡市支付的車輛稅為 20,099.94 美元。按照總收入 5% 的普通稅率納稅，他們本應繳納 354,072.60 美元。

（還有弗林）得到這個專營權後不久，他們卻不做任何事情；城市建造了這座橋，重建了其他三座橫跨賓夕法尼亞州軌道的橋，還在鐵路交匯處建了一座橋 —— 總共是五座橋，其成本 16 萬美元！

可以這麼說，身為精明的蘇格蘭人後裔，匹茲堡人忍受所有這一切二十五年，並為修建克里斯多夫·L·馬吉紀念碑，認捐了大約 34,000 美元。這事聽起來像是發生在美國任何其他出了大問題的城市，但是從匹茲堡的榮譽這個角度來看，應該說，總還是有人在堅持與犯罪集團抗爭。早在 50 年代，大衛·D·布魯斯就主張建立良好的政府；我們也見到過奧利弗·麥克林托克和喬治·W·格思里；還有像英國議會領袖約翰·漢普登（John Hampden）那樣，奮起反對他們的暴君。但總是單純地為正義疾呼，只在法庭上戰鬥，一切都是徒勞的。直到 1895 年，他們揭露出來的犯罪集團罪行，才開始在公眾中產生影響。他們大膽地向選民發出呼籲，而選民恰恰是老闆權力的來源，他們支持並贊助布魯斯先生和其他勇敢的人，共同發起舉行民眾集會。民眾聚集起來，那裡的傑出人物並不是很多，但是很明顯，人民與他們站在一起，他們當即組織市政聯盟，並在 1896 年 2 月大選時啟動這個聯盟，發起打擊賄賂集團的運動。

委員會由五個人負責，他們是布魯斯、麥克林托克、喬治·K·史蒂文生、波洛克博士和奧托·希林 —— 以及他們聯合

的格思里先生。他們利用民主黨的一點有限資金，推舉格思里以獨立候選人的身分競選市長。這是一個很需要膽量的事情，接著他們找到我們已經在聖路易和明尼亞波利斯找到的東西。在他們舉行的民眾大會結束後，布魯斯告訴我，那些本應該公開支持運動的人，偷偷地接近他，私下輕聲地對他說，如果能不說出他們的名字，可以指望他們給他錢。「會場之外的這些人，」他說，「表示贊成的人中，只有一個人願意公開他的名字。他提供資訊給我，用來對抗犯罪集團的人在講臺上為集團說話。」麥克林托克先生在向全國市政聯盟委員會宣讀報告時，說道：「然而，到目前為止，最令人感到沮喪的是，我們發現許多有代表性的市民，對此表現出無動於衷的冷漠——這些人，無論從哪個方面看，都理所當然地被視為這個社會的典型成員。我們發現，『知道內情』的一些傑出批發商和承包商、享受市中特許經營權的製造商、富有的資本家、經紀人和交通公司股份以及其他公司股票的持有人，他們都默不作聲；他們的責任感受到抑制，他們的影響力在投票前和投票日搶先占據有力位置，一邊壓制、反對我們。另一方面，我們還發現，龐大的鐵路公司和一些較大的製造企業，他們的資金支持和政治支持，以其無比的能力，控制著數千員工的選舉權，在票數上壓過我們。理由很簡單，他們當中有人說得很直接，為了提高企業效益而去與犯罪集團老闆做交易，要比直接與市立法機構的民眾代表打交道容易得多。我們甚至發現，許多銀行的主管，雖然

沒有明顯流露出敵意，但是對任何市政改革運動，都持冷淡的中立態度。正如一位銀行老闆說的那樣，『如果你想在匹茲堡成為重要人物或賺錢，那就必須置身政治潮流當中，了解城市圈子的內部情況。』」

這就是腐敗，卻被稱作「很好的交易」，其危害性甚至超過政治。

明尼亞波利斯貪汙受賄者之間的爭鬥，給那裡的大陪審團一個機會；聖路易貪汙受賄者之間的爭鬥，給約瑟夫·W·福克打破堅冰的機會。所以，在匹茲堡，奎伊與馬吉的爭鬥，讓市政聯盟看到了機會。

對奎伊來說，正好相反，他認為匹茲堡人民的奮起，是自己的機會。他和馬吉的關係從來就沒有好過，他們經常爭吵。每隔幾年，弗林和其他人都得出面調停他們之間的分歧，而每次吵鬧的結果，都是簽訂一份「互惠交易」協定而了事。1895～1896 年間的爭鬥特別激烈，儘管拼湊了一份協議，也沒有打消各方的怒火。馬吉和弗林，還有費城的老大馬丁，他們打算在政治上滅掉奎伊。而奎伊呢？走投無路，被迫投入這場「生死決鬥」當中，成就了他事業上的一段傳奇。聽著費城人們發出的怨言，看著匹茲堡市民在奮起反抗，奎伊勇敢地登上改革的講壇，尤其提出了振奮人心的口號，那就是「堅決禁止利用我們城市的錢去腐敗。」從奎伊的角度看，這太滑稽了，而匹茲堡人則

非常嚴肅，笑不出來。可以這麼說，他們同樣是在為自己的生死存亡戰鬥，看到有一位老大站在他們這邊，那些商人覺得受到莫大的鼓舞，他們發現「與一位老大打交道，要比與人民代表打交道容易多了」。無論會怎麼樣吧！1896年2月的市議會選舉，親自到場投票的人中的大多數，都投票反對犯罪集團。

這不是歷史。根據記載，改革派的票數比人家少了差不多一千張。投票結束後，截止到晚上1點鐘，收回來的票數顯示，喬治·W·格思里競選市長的票數遙遙領先；幾天後，所有選票收回的行動突然終止，而正式計票的結果卻是圈子贏了。除了表面的造假證據外，事後一些黨徒私下偷偷地議論，不僅說出格思里先生被排除在外，而且還透露其中的細節。格思里先生向法院提出上訴，請求重新計票，然而，他的請求遭到拒絕。法庭認為，根據法律，無記名投票禁止打開票箱。

就這樣，圈子控制著匹茲堡 —— 而不是匹茲堡人。他們眼睜睜的看著奎伊控制議會，希望奎伊這位改革者能夠幫助他們。因此他們為匹茲堡制定了一份共同綱領，以此為依據，將城市歸還人民。奎伊看出這是可以利用的工具，表示認可；他許諾讓這份綱領獲得通過。聯盟、商會，以及一些有代表性的團體，都以為勝利在望而備受鼓舞，紛紛派人去哈立斯堡的一些委員會，敦促那裡的委員接受綱領，而他們的演說者憤怒聲討馬吉 —— 弗林犯罪集團一樁樁暴行和絕對權力的濫用，當

然不是惡言謾罵，而是根據事實。他們的共同綱領一路高歌猛進，通過了初審和二審，奎伊和馬吉 —— 弗林犯罪集團之間的鬥爭逐漸進入白熱化。一切看起來都不錯，可是卻突然寂靜下來。奎伊在與敵人討價還價，而共同綱領就是他手中的大棒，奎伊想回到參議院，他的願望獲得滿足。匹茲堡人看著他當選，看著他走了，可是他們的共同綱領再也看不到了，這就是發生在賓夕法尼亞的事。奎伊這個人，對匹茲堡做了這樣的事，然後如法炮製，一次又一次對州的所有城市做類似的事情，獲取所有利益 —— 甚至政治利益 —— 他這時就是賓夕法尼亞州的老大！

匹茲堡善良的人民不再抱有希望，而接下來的四年裡，這個城市政府有實質性內容的故事，不過是政壇老大們相互爭鬥的個人史罷了。馬吉想去美國參議院，他去了，而且還帶著老大馬丁和費城的沃納梅克，以及他自己犯罪集團的弗林。奎伊發動城裡的大小老闆，暗中削弱他們的權勢，很快在費城弄掉了馬丁。推翻馬吉可不是容易的事，如果不是馬吉身體狀況出了問題、因病去世，奎伊也許永遠完成不了這個艱巨的任務。匹茲堡留給了弗林，可是他的專橫作風如今沒有馬吉為他化解了，所以很快惹來麻煩。危機源自弗林與他的市政工程公司主管 E · M · 畢吉諾之間的一次爭吵。畢吉諾與弗林一樣，也是個專橫、傲慢的傢伙，他竟然背著弗林，將一些合約公開拿出來

讓大家競標。怒不可遏的弗林指使董事會，撤掉畢吉諾，安排另外一個人頂替，重新制定招標說明書。

此事激怒了湯瑪斯·斯蒂爾·畢吉諾，那位主管的弟弟，也是老斯奎爾·斯蒂爾的另一個侄子。主管的弟弟本來就與馬吉有很深的宿怨，那還是早年交通公司交易時結下的。他很有錢，多少懂一點政治，而且他相信金錢在商業遊戲的力量。他直接去哈立斯堡，用自己的錢幫助奎伊競選參議員，並且贏了，這是他的第一個目的。

但是他並不滿意。匹茲堡人看到各位老大之間又發生爭鬥，產生了新的希望，加上消息傳來，1900 年人口普查將第二大城市斯克蘭頓劃入「第二類城市」，又讓他們受到鼓舞。匹茲堡和斯克蘭頓都不得不制定新的法律條款。匹茲堡看到了制定一份好憲章的機會。湯瑪斯·斯蒂爾·畢吉諾則看出這是消滅馬吉 —— 弗林犯罪集團的大好時機，於是委託被市民信任的威廉·B·羅傑斯起草新的法案。起初，這是一份很不錯的憲章，提議將權力集中在市長手裡，可是卻也做了一些變動，那就是使州長有權隨意撤換不聽話的市長或任命聽話的市長，這種做法持續到 1903 年 4 月，這一年經選舉產生的市長就職。這是畢吉諾的一個手法，借此打破匹茲堡公職人員由圈子內定的慣例。可是馬吉這時還沒死，他和弗林去見了州長斯通。當州長詢問誰是合適的人選，馬吉指定讓資深人士 A·M·布朗來當市

長，理由是這位律師在匹茲堡口碑不錯。

然而，布朗在市政府各部門的領導者位置，幾乎保留所有圈子裡的人，只撤換了一位，這讓人民感到非常失望，這是畢吉諾的失敗；可是對圈子來說，卻是一個勝利。然而，少了馬吉，弗林無法約束他的手下胡作非為，而這幫子手下的極端行為，讓布朗市長十分惱怒，也讓畢吉諾有機可乘，敦促市長必須採取行動。布朗市長突然撤掉犯罪集團成員在各政府部門所擔任的職務，並開始徹底改組政府。這個舉動逆轉了民眾的不滿情緒，但是卻沒有持續多長時間。圈子裡的首領們再次去找州長斯通，州長撤換布朗，任命一位圈子裡的人接替。這樣一來，圈子完全恢復，並依據憲章，不斷增強他們的勢力。

但是，州長異常粗暴地濫用職權干涉市政府事務的作法，激怒了匹茲堡人民。在任命新市長時，州長斯通在公告中加了一條附言，否認自己受賄，但於事無補。匹茲堡人以前並沒有聽說過賄賂的事，可是附言卻形成一份報告在社會上流傳。該報告明確透露，圈子 —— 及其銀行、企業、和一些老闆 —— 曾籌措大量金錢作為基金，送給州長，讓他插手市政府的工作，而這個消息大大刺痛了市民的感情。市民們準備在 1902 年 2 月市政委員會選舉半數新成員和審計官時，打敗圈子。人們自發地組織自己的政黨 —— 市民黨，運動進行得激動人心，對陣雙方都竭盡全力，而參與投票的人數也是匹茲堡有史以來最

多的一次，甚至圈子也創造了紀錄。然而，市民們贏了，獲得
8,000 張多數票。

　　這件事讓人民明白，只要努力，有些事他們是可以做到
的，而且他們是那樣興高采烈，轉而投身於另一場選舉，拿下
了郡議會 —— 圈子的大本營。但是這時，他們需要照料自己的
政黨，可是他們沒有做到。當他們拿下了城市，就忽略了自己
黨的運轉。湯瑪斯・斯蒂爾・畢吉諾知道多數黨的重要性，他
從一開始就很重視這個市民黨。更確切地說，或許他也參與了
這個黨的發起活動。改革者們所知道的一切是，這個名字叫市
民黨的委員會，是由二十五個人組成的 —— 五位市政聯盟的老
成員，餘下的其實是一堆由社會各色人物聚集在一起的「大雜
燴」。他們並沒有為此有什麼煩惱，他們認識湯瑪斯・斯蒂爾・
畢吉諾，但畢吉諾這個時候並不著急表現自己。而這個新黨繼
續信心十足、充滿熱情地開展工作。

　　1903 年，當市長競選開始時，市民有一天猛然醒過來，發
現湯瑪斯・斯蒂爾・畢吉諾成了他們黨的老大。沒有人確切知
道這個人什麼時候爬了上來，但是這時他已經掌握了這個黨，
而且委員會這個「大雜燴」已經與他站在一起。此外，畢吉諾充
滿活力地開始運用常規的老辦法。這一切都非常令人震驚，但
也非常有意義。馬吉死了；眼看著弗林的末日也快要到了；可
是還有老大，美國接連不斷出現的老大，與原來的老大一樣。

好市民受到震撼，他們左右為難的窘境，令人覺得可笑，但也會讓人嚴肅起來。無能為力，他們只能觀望。畢吉諾提出一位市長人選，而這個人，市民們永遠也不會選擇。弗林提出一個更好的人選，希望能抓住市民的心。當市民們說，他們能看出誰是這位候選人的後臺，弗林說道，「我已經退出政治這個圈子。馬吉死了，我在政治上也死了。」沒有人願意相信他的話。正派的民主黨人希望恢復他們的黨，並提出化解僵局的方法，但是，畢吉諾帶著錢，參加他們的大會，而可憐的這個陳舊組織，被收買了。錢的味道在市民黨這一側，吸引了許多受賄者，就是弗林沉船上的那些老鼠；許多企業的人走了過來，很快人們就明白，有了新老闆，有了新擬定的協議，城市准予的特許經營權利包括五個說明書，鐵路問題將在他們之間得到解決。把票投給弗林的人，其誘惑力還是很強的，但是老的改革者似乎覺得，現在唯一應做的事，就是消滅弗林，稍後照顧湯瑪斯・斯蒂爾・畢吉諾。這個觀點占了上風，湯瑪斯・斯蒂爾・畢吉諾贏了。匹茲堡最優秀的人是這麼說的：「我們粉碎了一個圈子，我們又醫治好我們身邊的另一個圈子。可是現在，我們不得不打碎這個圈子。」

就我的理解而言，匹茲堡有一種精神。儘管多年來這個城市畏畏縮縮，到處都有腐敗現象，但的確還是有所發展的。城市抖落了政治對黨派偏見的迷信，被打敗了，重新爬起來。那

麼現在，當他們本該為一次勝利而感到自豪時，他們卻看得清
楚：這也許還是一次失敗。老一代的鬥士，醒悟的、或正在醒
悟，感到羞辱，但仍然是無畏的，他們說的很簡單：「我們必
須做的一切，就是重整旗鼓，繼續鬥爭。」然而，與此同時，
匹茲堡的一些年輕人成長了，他們繼承相同的精神，準備以他
們自己的方式進行嘗試。上一輩人利用多數黨來挽救城市，但
他們失去了黨。年輕一代則組織起城市選民聯盟，提議從一個
政黨搖擺到另一個政黨，冷漠的市民少數派，總是願意有人領
導他們，這樣就可以提高候選人的標準，改善常規黨派政府的
特點。湯瑪斯·斯蒂爾·畢吉諾的意圖，是將弗林組織的舊部
接過來，將其與他的市民黨合併，形成所有黨派的合作。如果
他能做到這一點，年輕的改革者就不必在兩個政黨之間選擇；
但是老的勇士們還站在那裡，以原有的名字或其他什麼別的名
字重建市民黨。然而，無論所選擇的道路是什麼，至少匹茲堡
人民會為建立好的政府做些事情，或嘗試去做，尤其是怯懦和
腐敗不知羞恥地出現在其他城市之後。匹茲堡的努力，雖然有
些可憐，卻是令人矚目的事件，對美國人的自尊自愛是有好處
的，而其堅強，讓古老貧窮的賓夕法尼亞，看到了希望。

費城：腐敗與心安

（1903 年 7 月）

　　美國的其他城市，無論其自身狀況是什麼樣子，都輕蔑地認定費城是最糟糕的城市 ──「這個國家管理最差的城市」。聖路易、明尼亞波利斯、匹茲堡以某種耐心屈服於其他任何地區的嘲笑；來自費城最友好的建議，受到不屑一顧的拒絕。費城人是「懶散的」、「昏昏欲睡的」；無望地接受犯罪集團統治，他們卻「自滿自足」；「政治上愚昧無知」。費城被假定為沒有什麼亮點可用來照亮普遍事物狀態。

　　這麼說是不公平的。費城的確存在腐敗現象，但不能因此就瞧不起這個城市。在我們這個國家，任何一座城鎮都能從這個偉大的、有代表性的、有典型政治體驗的城市中，學到某些東西。紐約可以為自己的諸多弊端找到藉口，因為那是一座大都市；芝加哥可以為自己找到情有可原的理由，因為其強化發展；費城是我們的「第三大城市」，其發展一直是漸進和自然的。移民問題一直因破壞我們的城市狀態而受到指責；可是費城，有 47% 的當地出生人口，他們的父母也是當地出生的，是我們許多較大城市當中，最美國的城市。這座城市也「很好」，而且聰明。我並不知道如何準確地衡量一個地區的智力，不過，賓夕法尼亞一所

159

大學的教授，他曾向我解說過他的教育理念，認為加強民眾教育，是擺脫政治腐敗的一條道路，並舉例證明，許多受到偏愛的承包商，在承包市政工程時，以「合理的商業利潤」為由，大肆非法收取佣金和回扣。我們需要痛切陳詞的另一點是，那裡的人們總是藉口過於忙碌，無暇顧及公共事業的發展，「不過我們已經做出承諾，等我們富裕到一定程度，有更多的休閒時間，我們會做得更好。」費城多年以來享受著極大的、分布廣泛的經濟繁榮和財物分配。這是一座像家一樣的城市；這裡的人口，男人、女人和孩子，每五人就有一間住宅；此處的居民給人一種感覺，那就是這裡的生活比我居住過的任何地區都舒適安逸。一些費城人根據他們的輕鬆和舒適程度，來解釋自己的政治狀態。還有另一個階層的人，他們是樂觀派，希望不久後能生活在「貴族社會」。與世界任何別的地方相比，費城人更加確信自己的城市存在著「真正的貴族階層」，可是這個城市的貴族，少有例外地存在於圈子裡，或者說，這樣的貴族沒有政治用途。這時我們聽到，我們是年輕的民族，還說，再過幾年，「有了傳統」，就像其他古老的國家那樣，我們也會誠實的。從自然風光和文物古蹟方面來說，費城是最古老的城市之一，也是財富積聚最豐富的地區之一，是我們這片美麗國土上，最具優良傳統的地方。然而，有人告訴我，「開個玩笑」，一夥受賄者是如何與獨立大廳（位於費城，獨立宣言簽字處）古老的鐘聲相配合，並沒有把他們受賄來的錢財「分攤」計算在內。

有人大笑著告訴我，費城是一座有代表性的城市。事實上，正是這個「笑話」，才使其成為典型。所有城市的市政府，糟糕程度是不同的，而我們所有的人民，都是樂觀派。費城只不過是最腐敗的城市，那裡的人民是最安於現狀的居民。明尼亞波利斯已經開始清理；匹茲堡已經做過嘗試；紐約每隔一次選舉就會進行一次鬥爭；芝加哥則始終堅持戰鬥。甚至不知羞恥的聖路易，在最壞的情況下，也開始出現騷動（儘管選舉已經結束）。費城是自豪的，那裡善良的人們防禦腐敗，並吹噓他們的統治機構。我的一位教授朋友，其對待非法交易佣金和回扣的觀點，就是一種很典型的費城式類型。另一個人，以其強烈的地方自豪感，大聲辯解道：「至少你得承認，我們的政府機器是你見過最好的。」

　　可恥嗎？其他城市這麼說。但是我要說，如果費城是一個恥辱，那不僅是這個城市的恥辱，也不僅是賓夕法尼亞的恥辱，而是美國的恥辱，美國人品質的恥辱。因為這個偉大的城市，在許多其他方面是那麼具有代表性，在政治經驗方面，並不落後於紐約，甚至超過紐約。費城是一座有自身改革經歷的城市，經歷過腐敗的所有典型階段，費城已經達到一個歷史時期：60 和 70 年代後期，順著詹姆斯‧麥克梅恩和煤氣集團的路線，推舉老大作為領袖，分享各式各樣的戰利品，這是特威德集團腐敗的階段。而這個時候的聖路易，舉個例子，剛剛開始

出現腐敗。在兩場鼓舞人心的民眾反抗運動中，費城向煤氣集團發起進攻，並打破了這個圈子，於 1885 年實現美國諸多城市的夢想 —— 制定一份好的憲章。所以，費城目前的狀況並不是改革前的狀態，而是改革後的狀態，在這個差別中，存在著令人吃驚的普遍意義。自布利特法或憲章生效以來，費城已經發生的事，很有可能還會在美國的其他城市出現，當然是在「改革完成之後」。

由於改革對我們來說，通常是反叛，而不是推翻政體，很快就會收場。人民並不是在尋求什麼自治，他們避免自治。「改革」是間歇性的努力，去懲罰壞的統治者，選出某個能好好領導政府的人，或制定出能達到預定目標的什麼措施。政府的自動管理形式，是一種古老的迷信。我們是有發明才能的民族，我們都認為，我們能在某天設計出一個立法機器，而這個機器又能自動轉變成一個好的政府。費城人一直珍惜這個信念，其歷史要比其他城市長久，而且費城人經常嘗試著這麼做。貫穿這座城市的整個歷史，費城人一直在尋求美妙的憲章，有了布利特法，他們認為自己已經找到這樣的憲章，因為此大法從行政和政治兩個方面，將權力集中在市長身上，讓他有足夠權力全面負責。此外，就人民而言，城市管理並不那麼需要他們的想法和行動。當布利特法生效時，期待人民所做的一切，也是他們不得不做的，就是把一位優秀的商人選為市長，而這個人以

其正直廉潔和政治常識，帶給人民良好的經濟管理。這一點，正是許多改革者的理想。

布利特法於 1887 年開始生效。一個由十二人組成的委員會 —— 四位來自聯邦派同盟，四位來自商業組織，另外四人都是老闆 —— 挑選出第一個人，在這個委員會的領導下，以共和黨的候選人參加競選。這個人是愛德溫‧菲特勒，一個能幹的、誠實的商人，他當選了。說來奇怪，菲特勒的行政管理，讓市民們感到滿意。時至今日，不僅市民說他的好話，就是政客們，也對他大加稱讚；老闆麥克梅內斯（圈子破了，不是老闆了）求助於接下來的全國代表大會（美國政黨為總統候選人提名而召開的）—— 一個來自費城、真誠支持菲特勒競選總統的代表團。這是場鬧劇，但卻讓菲特勒先生感到很愉快，也讓馬修‧S‧奎伊這位州老大感到高興，讓他在第一輪投票中得到一張贈票。政客們不僅「愚弄」了菲特勒先生，也在「愚弄」下一任市長斯圖爾特，這位商人同樣也是一位最可敬的紳士。這兩個行政機構的管理，就為費城目前的政府、費城人似乎能夠容忍的腐敗現象、「至少是你見過的最好的統治機器」奠定基礎。

費城的機器並不是最好的，這個機器很不健全，我懷疑這樣的機器在紐約或芝加哥，是否能夠運轉起來。美國典型的政治機器是有其忍受力的，那就是其自然成長 —— 像一根吸管，但是卻深深地扎根在美國人民心裡。紐約人為坦慕尼協會

(Tammany Hall）總部投票。費城人不投票，他們被剝奪了公民權，而他們權力的被剝奪，成了費城組織的一個錨碇基地。

這不是一個比喻說法。費城最誠實的市民，在投票站投票的權利，並不比南方的黑人多。可是他們仍然非常努力地進行鬥爭，爭取自己的基本權利。與他們談論南方幾個州的黑人，因為受到民主黨白人恐嚇，而不敢投共和黨的票，你會激起這裡共和黨人的憤怒。但是如果你隨意提醒某個費城人，說他現在的境況也是這樣，他看起來像是嚇了一跳，然後說道，「是這樣，的確如此，只是我從來沒有這樣想過這個問題。」他說的是真話。

機器控制選舉的整個過程，每個階段的操作，都充滿欺騙行為。審核人員的名單就是選舉人名單，而審核員是統治機器的人。「某個部門的審核員開了一家妓院，他以欺騙的手法，將在自己妓院登記人員的名字，填寫在選民名單上；其中有兩個人的名字，用來充當選舉工作人員⋯⋯地區治安官開著一家低級下流的場所；一位員警被評估為居住在那裡⋯⋯選舉由審核員維持，在一家妓院裡舉行⋯⋯被提名為法官的人，被指控有罪，有待對他進行起訴⋯⋯252 張選票被收回一個部門，其中合法的票數還不到 100 張。」這些從市政聯盟的報告所摘錄的內容，顯示很多選舉中的伎倆：審核人員把死狗、兒童和不存在的人，填充在選民名單裡。一份報紙印發一張狗的照片，

另一份報紙刊登一張四歲黑人男孩的照片，他們的名字都出現在選票名單上。有一個口才很好的傢伙在演講時，不無怨恨地對自己選區的「內幕實情」進行譏諷，提醒聽眾這是獨立大廳的選區，並一一說出當年《美國獨立宣言》的簽字者。在他熱情奔放、滔滔不絕的演講就要結束時，他陳述道，「這些人，美國自由的父輩們，曾經在這裡遭到否認，」說到這裡，他咧著嘴、很有感染力地笑了笑，接著說道，「他們也在這裡投票。」魯道夫‧布蘭肯柏格，一個為權利和投票權的運作而堅持不懈的鬥士（順便說一句，一個移民），以掛號信的方式，寄信給某個選定的選區名單上的投票人。百分之六十三的信被退了回來，上面標明「不在家」、「已遷出」、「已故」……等。根據住址登記，一幢四層樓房子有 44 名投票人，可是卻有 18 封信被退回，理由是無法投遞；另一幢房子裡的 48 名投票人，有 41 名回覆；還有兩幢房子，62 名投票人中有 61 名回覆，47 名投票人中有 44 人回覆。某個選區的六幢房子，被評估為有 172 名選民，比上次選舉所有 200 個選區中的任何一個選區的投票數都還多。

反覆投票這種做法用得更是大膽，因為機器控制負責選舉事宜的官員，經常從一些欺騙性的名字裡挑選工作人員；如果沒有人出來幫忙，就安排他們的隨從填補預期空缺。根據法律，員警必須站在投票站三十英尺以外，可是他們卻站到投票箱旁，確保機器的命令得到服從。而被允許的重複投票者，則

受到他們的幫助，在不受「恐嚇或威脅」的情況下，依據員警暗示的候選人名字，進行投票。某家報紙的編輯，四處觀察選舉情況，有一次他告訴我，有個選區的領導者對他很了解，邀請他深入投票地點。「我來向你展示這一切是怎麼做的，」他說著，就讓那些反覆投票者，按照交給他們紙條上的名單，一次又一次投票。「但是，」正如這位編輯所說，「這還不足以完成選舉。」反覆投票者還要依據紙條上的名字，從一個投票站趕往另一個投票站，在往返途中換衣服或帽子……等。這樁生意進行得非常順利，很少遇到麻煩，更多出現的是滑稽可笑的事，而不是爭鬥。暴力在過去還有其功能，可是現在就顯得沒那個必要了，如果需要的話，員警會出現在那裡。有幾個市民告訴我，他們曾親眼看到員警毆打一些試圖履行義務的選民或忠於職守的選舉官員，並把他們抓走；市政聯盟的執行顧問克林頓‧羅傑斯‧伍德拉夫寫的一本小冊子，也記述類似的情況。可是對這種情況，我手邊有一份約翰‧韋弗寫的官方聲明。這個費城的新任市長宣稱，他將設法讓員警遠離政治，不參與投票活動。「我將確保，」他補充道，「每一個選民都能充分享有選舉權，不記名票能夠投進票箱，不必擔心受到威脅或恐嚇。」

可是許多費城人並不想去投票。他們把所有事情都交給機器代管，而統治機器將這些人的票投給自己。據估算，上次選舉大概有 150,000 名選民沒有前往投票地點。然而，機器卻

利用欺騙方式進行投票，弄到差不多 4 萬～8 萬票，為韋弗獲得 130,000 的多數票。而且在選舉活動中，機器作弊的行為如此猖獗，選舉卻被稱為「沒有人抗議」。法蘭西斯·費希爾·凱恩，民主黨人，得到 204,000 票中的 32,000 票。「投票有什麼用？」那些經常待在家裡的人問道。一位朋友對我說，他曾先後在三個選區居住過，而這三個選區都把他列入選民名單中，他本人從未前去投票，可是目前他所在的選區領導者卻告訴他，已經有人代他投票了。J·C·雷諾茲先生，聖詹姆斯旅館的業主，上次選舉日的十一點鐘前往投票地點，卻被告知自己的票已被人代投，他詢問與他住在同一幢住宅的人，有多少人參加投票？一位選舉工作人員拿起一張單子，在 12 個人的名字旁劃上記號，然後遞給他。當雷諾茲先生回到家，這才得知，名單上的人，只有一位投了票，其餘都是被人代替的。另有一個人說，他很少想去投票，但是當他去了，工作人員讓他投了票，儘管他的票已經有人替他投了；而在這時，總會有重複投票者走過來詢問他的兄弟今天是否能來投票。他們打算讓他投票，就像他們代替那些外出不在家、和善的市民投票一樣。「如果這種人出來投票，」一位領導者對我說，「我們還額外準備了兩個重複投票者——一個用來平衡，另一個就是多出來的一票。」如果有必要的話，在做完所有這一切後，機器就會宣布票數計算「正確」，向法院提出申訴基本上沒有什麼用，因為他們認為，票箱是保密的，不可能被人打開。唯一的法律補救措施，

在於清除審核人員的清單，當 1899 年市政聯盟這麼做之後，他們報告說，「根據真實名單的大批選舉被劃掉了。」

　　被剝奪了民主自治，費城人甚至沒有自我管理的機器政府。他們有自己的老大，可是這個老大及其統治機器，服從州勢力集團，並從州老大馬修‧S‧奎伊那裡接受指令。奎伊是賓夕法尼亞州的所有人，是費城的實際統治者，就像當年偉大的領主威廉‧佩恩（William Penn）那樣。費城人，尤其是當地的老闆，不喜歡這樣描述他們的政府，他們指出可供反駁的證據來反對憲章。但這個布利特法是奎伊通過的，並讓立法機構加以接受；不是出於改革的緣故，而是因為他在費城的助理大衛‧H‧萊恩的一個提議，用來約束麥克梅內斯老闆的權力。後來，當麥克梅內斯被證明是不順從的，奎伊無望地決定永遠都不再用這個人了。他選擇大衛‧馬丁做老闆，如同當年美國參議院的議員佩恩那樣培植他的人，並將其凌駕於人民之上。克羅克依靠自己的力量向上爬，爬到了坦慕尼協會總部首領的位子上（該協會成立於 1789 年，是紐約市民主黨實力派組織，因其在 19 世紀犯下的種種劣跡，成為腐敗政治的同義詞），曾兩次試圖任命他的繼承人；可是沒有人能夠繼承，他沒有成功。擔當坦慕尼協會總部的老闆，是需要一個成長過程的。因此，克羅克打算任命地區領導人，可是仍然行不通；身為坦慕尼協會地區領導人，也是需要有一個成長過程的。馬丁老闆，是上面的人

挑選並安排的，被費城和費城機器所接受，於是他撤換選區原有的領導人，任用新的領導人。當然，費城有些領導人擁有自己的選區，但是馬丁和其手下德拉姆派人前往這些選區進行引導，而他們也真的做到了。

費城組織被顛倒了。它將其根置於空中，或者說，就像印度榕樹，枝上生有氣根，垂入土中，好像樹幹，盤根錯節，覆蓋面積十分廣泛，有其自身獨特的力量。雖然我說過，這裡的組織依賴性強，而且很不健全，但我的意思並不是說它軟弱。作為市政機器，它是從屬性的，但是統治費城的組織，正如我們看到的那樣，不僅僅是一座城市、一個州和一個民族組織。費城人民是共和黨國家、共和黨州、共和黨城市的共和黨人，而他們受到一個圈子又一個圈子的約束。美國總統及其任免權；政府內閣及其任免權；國會及其參議員，和來自賓夕法尼亞的國會議員的任免權；州長和州立法機構及其權力和任免權；市長和市議會所擁有的一切權力和任免權 —— 所有這些一層一層壓向費城，以維持這座城市掌控在老大奎伊和他的圈子手中。這是黨組織的理想，而且很有可能，這是我們民主共和國趨向的一個終極目標。如果是這樣，這個結局就是專制主義。只有一場革命才能推翻這種寡頭政治，但是存在著危險。由於在投票站，沒有可供公眾發洩情感的地方，機器不可能了解到它所不知道的事情，除非付出滅絕的代價。

　　但是費城機器的領導者懂得自己的生意。正如我在〈賄賂犯罪集團在聖路易的歲月〉中說過的，假如人民不願意，政客們將從所曝光的事件和改革之中學到教訓。賓夕法尼亞老闆們學會「改革措施的利用」，我們已經看到奎伊用這種手法懲戒麥克梅內斯，並從那時起，讓自己也成為改革者，來懲罰當地的一些老闆。另外，老闆們也懂得，如果市民們與民主黨人結合在一起，其危險是很大的。為了防止這種情況出現，奎伊和他的朋友們已經孜孜不倦地廣泛宣傳「黨內改革」的主張，從一百人委員會起，改革者們對這個原則已經相當忠誠。但是，擔心市民犯下這樣的罪過，來反對他們的黨，馬丁決定將民主黨組織和共和黨組織永久性地聯合，形成一種合作關係，為了那個目的，運用聯邦和郡任免權的相當一部分份額。這樣一來，費城人民就被「固定」住了，他們就不能在他們想投票時去投票，就算想去，他們不能投某一個民主黨人的票，只能投共和黨人或獨立人士的票。換句話說，既然已經拿走他們的選票，老闆們也就剝奪了他們對黨派的選擇權。

　　但是，所學到的和所運用到的最大教訓，是調節和「好政府」。人民並不想透過投票或造反來反對圈子。這個圈子，與其他任何圈子一樣，其形成是為了開發利用城市資源、滿足個人私利，其黏著力在於「掠奪公共財產」。但是，麥克梅內斯和特威德已經證明，各式各樣的盜竊活動是危險的。而且，為什麼

大量的廉價政客們得到的那麼多，而人民卻什麼也得不到？人民在他們的教育下，只能期待從統治者那裡獲得很少的利益：良好的供水，良好的供電，鋪設良好、潔淨的街道，公平的交通，以得體的方式抑制犯罪、公共秩序和公共安全，沒有可恥的或公開的腐敗，更能讓人民滿意。給人民這些東西，會是很好的生意和很好的政策。就像克里斯多夫·L·馬吉，他就解決好了這個問題；而馬丁則從黨的普通成員、選區領導人和公職人員那裡，拿到了盜竊財物的特權。他組建公司和集團來處理城市的合法公共生意，都是些貪汙的事，可又都是合法的，基本上是這樣。公共業務特許經營權、市政工程和公共契約，是生意的主要分支業務，而馬丁採用雙重老闆的設想，正如我們看到的，匹茲堡的馬吉和弗林想出的辦法。在費城，是馬丁和波特，就像弗林有一家公司——布魯斯弗林有限公司，波特也成立了一家公司，菲爾波特和波特有限公司。

菲爾波特和波特公司將他們能處理的所有公共契約都弄到手，餘下的交給與他們或與圈子關係不錯的承包商。有時，優先選中的承包商，是最低價的出價人，但是他並不一定這麼做。法律允許獎勵的對象是「出價最低、品質最好」，而法院認為這可以讓官員們謹慎地作出判斷。但是，由於公眾批評也需要考量，為了保住顏面，圈子需要各種詭計的幫忙。一個是讓假投標出價高於內定的中標人；另一個是讓內定的競標者開出

　　高價，但是與此同時，設定不可能的時間期限；市議會的部門可以事後延長期限。還有一個方式，那就是安排特定的要求，致使局外人只能給出很高的標價，然後要麼公開地調整計畫，要麼讓圈子指定的公司在沒有達到標準的情況下實施工程。

　　馬丁的許多交易和工作都是醜聞，但是很安全。因為這些工程都是朝著公共服務這個方向，況且大量的生意都是悄無聲息地進行。此外，公眾也能從其花的錢上，得到一些好處——不是完整的價值，只是比較好的份額。換句話說，以非法方式撈取錢財，也是有一定限度的。一些內部人士對我說過，每一美元的 95% 價值，都應該歸人民所有（也就是透過工作或獲得一定的利潤，其中包括合理的利潤），這是圈子制定的一條原則。在我所調查的一些交易裡，「非法手段所獲取的利潤」高達 25%。不過，儘管如此，還是有一個「限定」，而公眾，就像有一個領導人對我說的，「因出錢而得到應得的報償」。雖然這些聽起來有點冷嘲熱諷的味道，可是這樣的觀點，卻被許多費城人所接受，他們大多數人也許並不像我的大學教授朋友那樣聰明。

　　但是在調解和安撫策略中，還有另一個成分，它是讓費城人感到滿足的一個有效因素，我把它視為犯罪集團製造「冷漠氛圍」的關鍵手法，因為這種「冷漠」，已經讓地區聲名狼藉。我們已經看到奎伊是如何獲取聯邦資源和州、州圈子的資源；

我們已經看到馬丁是如何讓城市、市長和市議會把市裡的民主黨領導人爭取過來的。他們以較低的薪資僱用至少 15,000 名男女職員在辦公室工作，可是這些人之所以能被選中，那是因為他們能透過組織，或透過黨派，或透過家庭輸送選票。這些人必須表現出和城市選民差不多的多數票。不過，這怎麼說，也不是圈子勢力範圍的最終目標。在州圈子裡，一些大型公司，比如標準石油公司、克蘭普造船廠、鋼鐵公司，加上賓夕法尼亞鐵路公司，都在他們手上；當地的所有交通公司和其他公用事業公司，更是不在話下。他們得到了特權、特許經營權、免稅……等；反過來，他們透過交易，在資金方面幫助奎伊。奎伊曾說過，賓夕法尼亞為馬丁支付大額年薪；克蘭普造船廠拿到建造美國輪船的合約，而且數年來一直在為建造國產船隻申請補貼。這些公司的高階管理人、董事和股東，加上他們的朋友、銀行家、員工，形成一個龐大的組織。還有更好的，費城當地的一個老闆對我說，有了這些公司，他總能給某個員工，在市政部門、鑄幣廠，或在郵局安排一份工作。接著就有了一些銀行家，他們希望享受，或有朝一日享受公眾存款；享受依靠貸款獲得的利潤，資助政治金融交易的過程。出資的資本家與老闆們分享著特許經營權；還有那些經紀人，他們經營圈子的有價證券，並投機圈子的通脹保值債券。透過這些交換，圈子的融資人把手伸進投資民眾的口袋，這是一個龐大的、很有影響力的實體。許多軌道交通公司，他們從頭至尾透過賄賂的

方式，為自己打通關節，而圈子裡的腐敗行為始終存在。公司的融資人通常還會在其他較大的圈子交易中獲得份額，他們很早就採用這樣的策略，即以「小宗股份」來賄賂人民。弗雷德里克‧斯皮爾斯博士在〈費城市內電車系統〉一文中，提到了幾筆交易，他的揭露「清楚地顯示，這是聯合公司的策略，目的在將有價證券賣給數量龐大的散戶手中，淺顯的推論就是，有價證券的廣泛分配，將有助於加強公司的防線，以抵禦公眾有可能發起的攻擊。」1895 年，他發現有個董事在說：「我們為股票分析師預定了音樂學院的大禮堂，準備在這裡召開大型報告會。人太多了，得有八個音樂學院的禮堂，才能容得下聯合交通公司股票的持有人。」

可是我們還沒有完全結束。在其一生當中，奎伊已經在改革者中建立自己的招牌，他和當地的一些老闆，已經爭取過來很多以前的改革者，人數很多，所列出的名單很長很長。馬丁也透過種族和宗教，深深地打下自己的根基。費城成為「不可知論」的一張溫床。馬丁承認天主教徒還有愛爾蘭人，由此將大量的民主黨人當作自然資源拉入共和黨；而他的繼任者則給典型的猶太人很高的地位。「當然了，這可不是腐敗！」是的，就像他們在賓夕法尼亞說的，逼迫大型教育機構和慈善機構領導人「與他們合作」，也不是腐敗了。他們的目的就是為自己的機構，從州政府那裡獲得撥款，從市政府那裡獲得土地。他們

知道正在發生什麼事，但是他們就是不參加改革運動。賓夕法尼亞大學教務長拒絕參加抗議活動，他說，主要是怕損害到他在學校的聲譽；其他人士的情況也是如此。牧師有他們最喜愛的慈善機構；主日學會和城市美化俱樂部的人也是這樣。律師們呢？他們想要的，是委託人和辯護委聘書；房地產開發商希望預先了解城市建設的規劃，而房地產所有人則喜愛輕鬆的評估；至於那些商店主人，他們可不想因此招致嚴格的檢查而自尋煩惱。

假如圈子沒有其他的手法控制某個人，那一般就會有保護性稅率。「我不在乎」，有個製造商這樣說。「假使他們真的掠奪或搶劫我們，那又會怎麼樣？那也傷害不了我，除非他們抬高稅率，可是即使那樣，也毀不了我。我們的政黨能夠維持稅率。如果他們減少，我的生意就完了。」

那麼，諸如此類的事，就是這個機器的衍生物，就是其力量的所在。難怪馬丁能夠打破自己定的規則，就像他做過的那樣，有時甚至無法無天。費城不僅僅是墮落的，而且是被腐化的。馬丁末日的喪鐘，不是在費城敲響的，而是在美國參議院敲響的。他的過錯與他的這個生意沒有什麼關係，而是敗在任命博伊斯‧彭羅斯，作為市長斯圖爾特的繼任人這件事上，而這個人是奎伊選中的人。馬丁本來已經同意了，可是到最後關頭，他卻突然改變主意，提名查理斯‧F‧瓦立克來接任市長職

務。此事發生的那一天，奎伊在參議院全體會議上奮起反擊。他的講話與正在討論的議案似乎毫不相干，所以賓夕法尼亞之外的人無法理解他在說些什麼。奎伊說，在他的城市裡，有一個人找理由不履行自己的承諾，藉口是「他從一家大公司那裡拿了高額年薪（賓夕法尼亞鐵路公司），不得不按照公司的意願行事。還有，」參議員奎伊補充道，「身居要職，又有很大的權力，無論好壞，這些人都應該……著手做事……在他們的腦門上刻著那家公司美元的符號。」奎伊任命馬丁手下的一個選區領導人伊斯雷爾‧W‧德拉姆為新的老闆。

馬丁透過市長瓦立克及其助手克里斯‧麥吉，使市議會在州議會上與奎伊進行戰鬥，可是奎伊在那裡把他們兩人打敗，接著準備在他們所在的城市擊垮他們。奎伊的口號是改革，且很快他就讓人民發出了要求改革的呼喚。

奎伊的回應是，呼籲立法委員會調查城市的權利濫用，但是就在快讓馬丁感到短暫難堪時，這項提議就被取消了。馬丁的朋友反過來抓住奎伊的把柄，差點把奎伊送進監獄。人民銀行的行長詹姆斯‧麥克梅內斯失敗了。庫司約翰‧S‧霍普金斯，曾一直在做投機活動，讓奎伊和其他政客在沒有任何抵押品的情況下，借用銀行資金去炒股票。作為回報，奎伊和財政部長將大筆國家存款存放在銀行裡。霍普金斯害怕了，開槍自殺。麥克梅內斯正巧召集馬丁的朋友幫自己出主意，他們提議

讓馬丁的人作為接收者。經過查證，他們找到奎伊向銀行借錢的罪證，同樣是無擔保。除了國家資金，還有幾封電文，要求霍普金斯購買「1,000都市公民」，並承諾「晃動李子樹」作為回報。他的兒子，還有財政部長，被控犯有同謀罪。人們做出各種努力，希望在立法機構選舉之前，對此案進行審判，因為這次選舉要選出的人，將接替奎伊在美國參議院的席位；但是奎伊卻再三阻撓，企圖延緩進行審判。奎伊希望一位比較友好的地區檢察官能被安排在那個位置。馬丁擔保彼得·F·羅瑟梅爾當選，而這個人急切地想審理這個案子，奎伊不得不依靠其他資源。審判如期進行，可是卻失敗了；法官比德爾將最重要的證據排除在外，因為這些證據不符合時效法規。羅瑟梅爾繼續進行審判，但是沒有什麼希望；奎伊被判無罪開釋，而其他案子也被「遺棄」。

民眾的情緒隨著奎伊事件的曝光而激發，可是卻沒有什麼行動，直到一些派別爭鬥，使一些人想到利用民眾的情感。奎伊已經拒絕將自己在參議院的議員職位讓給約翰·沃納梅克，而沃納梅克則在參議院和費城發起反抗老闆的戰鬥，這場戰鬥從來就沒有停止過。他採用的形式是發起改革運動，而奎伊的方法則簡單實用，他採取步步為營的戰術擊敗沃納梅克，使彭羅斯成為參議員。透過彭羅斯，德拉姆逐漸擁有了費城。最後的勝利是撒姆爾當選市長。

　　撒姆爾是一個演說家和熱衷於參加各種社團組織活動的人。也就是說，他經常出入賓館酒店、各界協會、兄弟會、主日學會等場所，參加各式各樣的公共集會和私人聚會，很多時候都會發表充滿愛國熱忱和令人感傷的演講。他是一個很受民眾歡迎的人物。正如我說過的，在布利特法律之下，想成為一個好市長，良好的行政管理能力，和完全的、儘管可能是暫時的改革，就是他必須做的一切。政客們感覺到，他們必須任命一個人，而這個人必須是他們和人民都信任的。他們曾對瓦立克很有信心，無論是圈子裡的人還是人民，可是瓦立克卻不這麼想。現在他們把希望寄託在阿什布里奇身上，德拉姆和馬丁也是這麼想的。因此，所有的利益相關者都願意接受他，所有人都滿懷希望和或多或少的信任、觀察著他；更不用說善良的人民。實際上，沒有人比阿什布里奇承諾的公共服務更多和更好。然而，結果呢？卻是令人絕望。

　　阿什布里奇「扔下」馬丁，承認奎伊的人 —— 德拉姆為政治老闆。德拉姆是那種非常高傲的人，性情率直，言語不多；慷慨大方，但又精於算計，像個商人；完全能夠控制自己，非常善於組織，是個天生的組織者。就賓夕法尼亞的政治而言，他是一位保守的領導者，在他的領導下，沒有什麼過分的行為發生，也很少出現「爭吵」的場面。但是德拉姆先生還沒有能力掌控費城的局勢。他順從奎伊，卻控制不了阿什布里奇。費城

的人們說，如果出現爭鬥，德拉姆能夠在費城打敗奎伊，但是爭鬥並沒有出現。費城人說的另一件事情是，他「通常能夠遵守諾言」，可是當奎伊要求他支持彭尼派克出任州長時，他卻公開拒絕。然而，就像前邊我說過的那樣，費城的本質就是這樣，顯然不可能有自治政府，甚至沒有自己的老大，所以效忠奎伊是可以理解的。但是老闆屈服於市長，就太反常了，在一些有遠見的政客們看來，這似乎是很危險的跡象。

　　由於阿什布里奇突破馬丁提出的適度賄賂的所有原則，德拉姆形成自己的圈子——吸收詹姆斯‧P‧麥克尼科爾為共同管理者和首選承包人；約翰‧M‧麥克為發起人和投資人；他將圈子的內部進行擴充，招進更多的人。他非常寬大地對待領導人，且沒有「拚命為自己撈取所有的好處」，就像有個領導人告訴我，他維持集中控制和嚴厲控制的原則，作為最好的政治策略和生意手法。所以，他也採用了馬丁的公共設施改造計畫，並對項目進行篩選，同時還做了一些補充，例如城市道路建設……等。當阿什布里奇坐穩自己的寶座，這些計畫全面開始啟動，而市長則下大力氣加以推動。根據「費城計畫」，市長不應當是圈子裡的人，他應當是一位有政治抱負的人，得到的獎賞是升職，而不是錢財。假如他想借此機會「大撈錢財」，一想到自己的任期只有四年，那麼他很有可能因急於做事而焦躁不安。還有，既然他不太可能連任市長，他在統治機器的未來利

益，遠不如當一個老大，老大的利益永遠會繼續下去的。

阿什布里奇被提名時，欠債數額大概是 40,000 美元。但是在他當選之前，這些債務已經清償。就職不久，他向前郵政局長湯瑪斯‧L‧希克斯做過自我宣稱。以下就是希克斯先生對這件事的敘述：

「早些時候，我有一次在辦公室裡和市長談，他對我說：『我已當選費城市長了。我的任期是四年。我沒有更大的野心。等我離開這個辦公室時，我可不想再擔任什麼公職了。』」

「我說，你這麼說真的是一個非常愚蠢的事。『想一想吧！別人會怎樣解釋你的這種想法？』我說道。」

「『我才不在乎別人怎麼想的，』他宣稱，『我的意思就是想從這個辦公室弄到我想要的任何東西，只要適合我阿什布里奇。』」

去年四月，當阿什布里奇從市長的位子上下來後，他成了一家銀行的老闆，是出了名的有錢人。當他任期行將結束時，市政聯盟發表一份報告，對這位市長的政績作了總結：

「阿什布里奇執政的四年已經載入歷史，給城市的名譽和聲望留下可恥的傷疤，這道傷疤癒合需要很長的時間。前所未有，我們希望再也不要有如此厚顏無恥、蔑視公眾輿論和民意，如此公然不顧民眾利益，如此濫用職權滿足私欲的市長。這些話不是一般性的概述，每個陳述都有數不清的事例充分證明。」

這些事例在費城是臭名遠揚，有些被在全國各地紛紛報導。其中一個事情是，阿什布里奇企圖恐嚇約翰‧沃納梅克。湯瑪斯‧B‧沃納梅克（約翰‧沃納梅克的兒子）買下了《北美洲人》報，這份報紙的主要任務曾經是──現在仍然是──揭露政治圈子的權力濫用和腐敗行為。亞伯拉罕‧L‧英格利希，阿什布里奇政府公共安全部門的首領，前去拜訪約翰‧沃納梅克先生，說他已經派人對沃納梅克先生進行監視，最後乾脆表態，要求報紙立即停止攻擊。沃納梅克揭發了整件事情。受命調查此事的一個委員會報告說：「英格利希先生完全承認他企圖恐嚇一位受人尊敬的市民，並以非法手段威脅沃納梅克先生，設法讓公開發行的《北美洲人》報沉默，不再進行批評性報導；市長拒絕應市民代表會議的請求，而下令調查英格利希的行為，所以社會公眾有正當理由認為市長幫助並支持英格利希的腐敗行為和非法活動，因此市長同樣應該受到社會公眾的審查。」

市長另一個「濫用權力的可恥事例」，就是受保護的賣淫場所增加──從紐約輸入的「白人賣淫奴隸制」、非法經營酒吧的興起、賭博活動的蔓延，甚至連學校裡的孩子們也受到影響。《北美洲人》報對這些現象持續揭露，但效果甚微。後來報紙直接點了幾個警官的名，市民也紛紛要求警方干預非法活動，但他們的請求遭到拒絕。於是，法官傳喚報社編輯和記者、市

長、公共安全部門領導人英格利希、中小學學生還有警官到庭。市長的私人律師在回答法官詢問時，一直為警方說話，情況對報社來說似乎非常不妙，但就在這時，孩子們開始講述他們的故事。當聽證會就要結束時，法官說道：

「確鑿的證據顯示，我們這個城市的公立中小學處在危險的境地；其中一所學校有超過 150 名學生經常買彩券，其他學校也有很多學生參與賭博活動。此事最早發現於十八個月前，而在最近一年裡，全面氾濫開來。」然而，警官並沒有得到懲罰。

墮落現象已經延伸到公立學校，並在教育系統迅速蔓延，而揭露並認定這種罪惡行為的，是第二十八選區的三位學校主管人士。以前人們就聽說過，與其他別的公職人員一樣，教師和校長不得不為選舉活動「找贊助」，並根據自己的薪酬，按比例繳納贊助費。「自願捐助」是使用的措辭，可是告示的上方，卻用藍筆寫上「2%」，而教師們在向主管人員和選區老闆詢問時被告知，他們最好「能多繳點錢」。沒有按照要求繳錢的人，會收到這樣的收據：「支票收到；請將差額補齊。」但是在第二十八選區所曝光的事情，卻被學生帶回家告知家長，而這時家長才明白，教師的聘用並不完全看這個人的能力，而是出於政治原因，政治原因已經變成了現金。

里納・A・海多克小姐的證詞如下：「我去找特拉維斯先生，他是我的朋友，向他諮詢如何拿到教師資格證書。他建議我去

見一些學校主管，特別是布朗先生。他們告訴我，必須繳納 120 美元，我才能獲得這個職位。他們說，有一個女生曾繳納 250 美元，她的申請卻遭到駁回。在錢的問題上，他們以前從未開過什麼口，現在已經是很照顧我了。我說我拿不出 120 美元，他們則答道，通常都是這樣做：教師可以從前三個月的薪資裡，每月拿出 40 美元。薪資是每月 47 美元。他們對我說，他們並不是為自己收取這些錢，因為他們需要錢去買通其他部門。最後我接受他們的建議，這時他們告訴我一定要小心，不能向任何人透露此事，以免傷害我的聲譽。我在弟弟的陪同下，送錢給詹森先生。他把帽子伸過來，我弟弟把錢交給他後，他把錢放進帽子裡面。」

圈子的這些慣常交易，和匹茲堡發生的有點像，只是索價更高。篇幅所限，我只能在這裡講一下某個階段的一件事：懷德納和埃爾金，國家特許經營權的買主，都是費城人，也是原來馬丁圈子裡的成員。1900 年之前，他們已經把市裡所有的軌道交通公司合併在一起，從政界退出，專門經營自己的交通系統。但是賓夕法尼亞的幾大圈子，是不能准許透過行賄方式興起的公司進行改革和撤併的，另外還有人提出指控，在馬丁和奎伊的爭鬥中，軌道交通公司出錢資助美國參議院打敗奎伊。不管怎樣，對方就是想敲詐軌道交通公司。

這種勒索方式，可以說是高超的敲詐形式。當他們把所有

的都拿出來賣掉後，政客們就會組建一個競爭公司，強迫原有的公司購買或賣掉。1901 年，儘管懷德納和埃爾金正在海上乘船前往歐洲，費城圈子的人來到立法機關，提交了兩份議案，提請授予特許狀，承包費城所有還沒有鋪設軌道的大街小巷，並接手經營原有公司軌道中較短的線路，將其連接起來。克林頓·羅傑斯·伍德拉夫這位議員，講述了這個事情的經過。並沒有貼出公示，兩項議案在五月二十九日星期一的下午三點鐘，被提交到立法機構；委員會只用五分鐘時間就完成報告事項；到了晚上八點五十分，議案列印完畢，放到各位議員的桌子上，到了九點，一讀通過。第二天是陣亡將士紀念日，議案的二讀獲得通過。到了第三天，議案則從參議院轉到眾議院，在那裡以類似的匆忙速度和更惡劣的詭計「強行通過」。在六個立法日裡，由此議案形成的法令，擺放到斯通州長面前，他於六月七日半夜，在上面簽了字。當時在場的有奎伊、彭羅斯、眾議員福德勒、阿什布里奇市長、銀行家詹姆斯·P·麥克尼科爾、約翰·M·麥克以及其他幾位資本家和政客。根據法律，第二天上午又有一百份特許狀申請審議，其中十三份是費城的。這些特許狀在六月五日得到准予，同一天，費城由被挑選人員組成的特別委員會，被要求在星期一舉行會議。在那裡，費城市民看到了即將付諸實施的特許狀，但是他們的聽證會進行得非常簡短。特許狀順利通過，毫無阻力，並於六月十三日送達阿什布里奇市長。

市長祕書發布權威消息，說市長那一天不會簽字。可是他簽了。一個意外事件迫使他拿起筆。約翰·沃納梅克寫信給市長，開價 250 萬美元，購買就要出賣的特許經營權。阿什布里奇市長看也不看，就把信扔到大街上。沃納梅克先生已經存了 250,000 美元作為信用擔保，而他的行動逐漸變得眾所周知。法令是半夜簽署的，城市至少損失二百五十萬美元；但是圈子已經達到、甚至超過預期的目標。當沃納梅克先生的信發表出來，眾議員福德勒，公司的一位創始人，為機器作了答覆。他說，出價是一個廣告；這已經晚了，而且他們沒有機會「接受挑戰」，對此他們表示抱歉。沃納梅克先生以更新的出價 250 萬美元向城市做了回應，他說，「如果能夠將你們公司現在擁有的政府補貼和特惠政策讓給我，我願意再增加 50 萬美元，作為給你本人和你合作夥伴的紅利。」他的話結束了這場爭鬥。

但是交易仍然繼續進行。又有兩項議案 —— 俗稱「有軌電車追趕者」—— 獲得通過，並完成立法程序，速度之快，很難說這是非常完整的法令。其中一項授權公司鋪設高架線路或地下線路，或兩者兼之；第二項則規定，未經州長、州務卿和總檢察長組成的委員會同意，禁止再授予如此的特權。有了這些特許經營權和獨家專有的特權，新公司迫使舊公司將自己正在運轉的工廠出租給新公司，而他們除了「權利」，別無所有。正如賓夕法尼亞的一句行話，這是一次「漂亮、強而有力的敲詐」。

阿什布里奇對費城和費城機器進行檢驗，坦率的圈子領導人不認為能夠經得起考驗。費城人做什麼呢？什麼也不做。他們有自己的改革者；他們有像法蘭西斯・B・里夫斯這樣的一群人，他們從一百人委員會的歲月起，就直接參與了每一次改革運動的鬥爭；他們有像魯道夫・布蘭肯柏格這樣的一群人，他們為了每一次能夠預示解除百姓痛苦的運動而鬥爭；他們有市政聯盟、以選區為基礎的組織、市民城市聯盟、改革同盟會，有法律社會和有秩序的社會；還有年輕人和老兵；那裡有沮喪的政客和有抱負的人，他們可沒有被機器足夠快地推向前去。不滿存在於許許多多善良的心裡，其中許多人感到恥辱。但是「人民」不會跟隨。人們可能認為，費城人會跟隨任何領導人；這個領導人是純種白人還是灰白人，他們會在乎嗎？可是他們真的在乎。「人民」似乎寧願讓一個著名的盜賊來掌權，也不願讓一個有野心的改革家來管理。他們願意讓你來證明或宣告他們那裡的特威德犯罪集團、麥克梅內斯犯罪集團、巴特勒犯罪集團和謝潑德犯罪集團有罪，即使這樣，他們也許會寬恕這些人，並談論起他們記憶中這些人的豐功偉績；但是他們樂於打敗約翰・沃納梅克，因為他們懷疑這個人是偽君子，就是想進入美國參議院。

所有勇敢頑強的改革者們已經發起一場運動，重新選舉地區檢察官羅瑟梅爾上臺，因為這個人勇於審判奎伊。當然需要

有官員支援！但是不行，奎伊反對他。改革者們花費大約 25 萬美元，我相信 —— 與對手展開了猛烈的較量 —— 但是機器動用的錢更多，70 萬美元，都是從教師、非法經營酒店或夜總會的老闆、公職人員、銀行家和企業老闆那裡募捐來的。機器操控著選票。羅瑟梅爾在競選中，輸給了約翰·韋弗。在此前後，還有幾次別的競選活動，由市政聯盟領導，但是每一次都被機器所控制的多數票擊敗。

調查這個政治機器是行不通的，除非有機會發現他們所犯的錯誤。機器作為州的一個組織，最擔心有人背叛，或未來發生內亂。為了應對內部可能出現的分裂行為，釀成禍患，政治機器開始著手壓制公眾批評。阿什布里奇發現敲詐的效果不怎麼有效。德拉姆、奎伊和州長彭尼派克通過誹謗法，目的在封鎖報界言論。在其競選過程中，州長曾忍受過漫畫和評論對他的譏諷，此事顯然使他受到觸動；費城圈子預先制定行賄計畫，其曝光也許會激怒人民。共和黨在州裡的主要宣傳刊物《費城報》說得太對啦：「州長希望法律能讓他擺脫無法擺脫的漫畫。犯罪集團希望法律能夠壓制反對意見……這個行動的設計，無疑是為了掠奪者的利益而封住報紙的口，傷害的卻是人民的利益。」

被剝奪選舉權，沒有黨派選擇，所以市政聯盟宣告，古老的請願權已被否決；而現在又要失去「言論自由」—— 難道費

城就沒有希望了嗎？不，費城眼前就有一個很好的機會。他們把希望放在新市長約翰・韋弗身上。在這個人的履歷中，沒有記載說明他會信任局外人。他本人談到自己在任地區檢察官期間，曾經發生兩次臭名昭著的「司法流產事件」，他是被圈子提名的人，圈子裡的人對他有信心。但是人民也對他有信心，而韋弗先生做出相當不錯的承諾。阿什布里奇也是如此。然而，這裡面存在著差異──韋弗先生已經有一個很好的開端。就在他走馬上任前，他依據自己的約定，與機器達成妥協，但是他宣布反對保護色情業，支持自由選舉，他阻止了出現在立法機構的某些「批發式掠奪」或「欺詐」行為。

這就涉及到兩個議案。一個議案，授予（圈子）公司權力「占用、接收和使用聯邦境內所有淡水資源，要麼歸公眾，要麼歸私人，無論如何，應規定其私人用途。」這個方案就是要將費城的自來水廠，以及州裡其他這樣的廠賣出去。另一個議案則為奪取城市和州的照明設施和能源供應設施打開通路。馬丁和瓦立克「租用」了城市煤氣工廠；德拉姆和他的犯罪集團也想從中分得一杯羹。「這將是合法的，」議案裡說道，「任何城市、任何鄉鎮或自治村鎮，擁有的任何煤氣廠或發電廠，供電、供氣和提供動力，都應當出售、出租，否則轉讓給個人或公司，以便由此獲得更好的回報，這樣的市政實體也許……賦予承租人或購買者專有權，這樣既可以反對如此的市政公司，又可以反

對所有別的私人和公司進行供氣或供電業務……」就像在聖路易，城市的公共財產準備賣出去。有人告訴我，這些計畫以後就會付諸實施，但是韋弗先生宣告，他不會「支持這些計畫」，議案由此被擱置。

看起來費城人選擇韋弗是正確的，可是那又會怎麼樣？想一想吧！把所有的信任放在一個人身上，希望有著英國血統的約翰·韋弗會為他們帶來一個好的政府！可是人家為什麼要這麼做？他怎麼會為人民服務，而不是為圈子服務？圈子能夠用他，也能夠不用他；費城人民既不能撤換人家，也無法懲罰人家。即使他能夠向人民歸還選票，證明自己是個好市長，他也不可能自行連任。好的憲章規定，市長任期不得超過一個任期。

芝加哥：半自由和正在進行抗爭的城市

（1903 年 10 月）

　　這些關於城市腐敗問題的文章不斷出現期間，讀者們寫信給雜誌社，詢問他們身為市民應該如何應對？該採取什麼樣的行動和策略？我似乎知道答案；「我們」似乎知道答案；似乎存在著某種方法，掛在什麼地方、在任何情況下都能解決這個問題。其實並沒有這樣的方法。假如我的腦袋裡有現成的改革方案，並四處加以宣傳，那就必定會妨礙我直接看到事實真相，也會使我的理論失去支撐。我們唯有的編輯策劃，只是去研究幾個「經過選擇」的例證，調查一些管理不善的市政府，並弄清楚這樣的政府是如何墮落的，然後在國內外找出幾個典型的好政府，解釋一下好政府是如何形成的 —— 不是如何做到這一點，你聽好了，而是人家是如何做到的。儘管列出一系列不好的政府，但還很不完整，因為那麼多善良的人們，顯然希望立即行動。不過我們倒決定還是暫緩一會，先從改革這個方面拿出實例。我已從我所找到的例證中，選出最好的了。政治受賄者們活得還是很開心，他們對我說，「已經從你那些揭露腐敗的文章裡，得到許多暗示。」我則相信改革者們能從芝加哥那裡，找到一些暗示。

　　是的，芝加哥。首先是這裡的暴力，到處都是汙垢；嘈雜喧鬧，目無法紀，不討人喜歡；氣味難聞，傲慢無禮；新興城市，生長過快。如同一個醜陋的鄉下人，穿上城市人的服裝，在各個城市中顯得「堅韌」，可以說是我們這個國家的一道奇觀——我不想寬恕芝加哥，而芝加哥人也不要求我這麼做。如果你發現什麼問題，他們會歡呼道，「很好啊！」他們還會說，「我們應該受到批評，這對我們有好處。」他們的確值得批評。芝加哥位於清澈、涼爽的大湖一側，這個城市的水源並不充足，水質也不夠好。利用獨特的裝置和意願，他們將芝加哥河變成城市的下水道，使其向後和向上流出湖水。城市解決不了煙塵毒害。這裡的人們過於貧窮，雖然擁有龐大的公共停車場系統，卻拿不出錢修補和清掃街道。他們能夠在泥濘的河道上建築高樓大廈，卻不能消除牲畜飼養場的惡臭。這裡成功地舉辦世界博覽會。這裡有兩百萬居民，196 平方公里的市區，動用了兩千五百名員警。其實他們的力量並不充足，也沒有什麼效率，並不能夠保護好城市本身，更不用說控制暴徒、鬧事的罷工者，以及其他不受法律制約的活動，讓芝加哥丟盡了臉。儘管這座城市有法律管轄之外的系統控制邪惡和犯罪，而且這個系統十分有效，致使市長一直有能力阻止任何訴訟程序——只要把臉轉過去，置之不理——例如「陪審團把戲」、「賄賂行為」、「黑酒屋」、「炸開保險箱行竊」；儘管賭博活動受到限制和整治，非法的商品交易和賣淫得到有序的管理；儘管簡而

言之，透過某些政治領導人和犯罪集團頭目的權勢，市長已經能夠——從犯罪活動角度上說——使芝加哥「誠實」，夜盜和惡性攔路搶劫得到了容忍。作為政府，所有這一切都是荒唐透頂的。

但是我不想引證芝加哥作為好市政府的例子，也不認為芝加哥是美國好的市政府。眼下的紐約，其行政管理要比芝加哥好得多。我也不想引證芝加哥作為壞政府的好例子。那裡是有貪汙腐化的現象，但是與聖路易相比，可謂小巫見大巫；與費城相比，芝加哥又顯得很不專業。芝加哥引起我們關注的原因，在於其所「固定」下來的事情。那裡出現的問題，是讓人嘲笑的。從政治和道德兩個方面來說，真正的改革，本應當在諸多美國城市裡得到讚揚。芝加哥的改革不是情緒的一時發作和政治暴動，也不是借助改革浪潮把「最好的人民」洗刷後出任公職，自我愚弄、充當傻瓜、平心靜氣，任憑政治機器比以往更強大；更沒有讓民眾政府的貴族失望，而是重新塑造那些改革，緩慢的、穩妥的、政治的、民主的改革。依靠人民，為了人民，這就是芝加哥所擁有的。他們已經發現了一條路。我不知道那是一條路，我敢確信的是，芝加哥可以讓美國各個城鎮，也包括芝加哥本身，學到某種東西。

因為芝加哥只是在某些方面得到改造。城市政治地圖的中心，顯示出一個白色的圈，裡面有一些白點和白色的破折號，

在黑色、灰色和黃色背景的襯托下，非常醒目。但是這座城市曾經完全是純黑色的。從犯罪方面看，是完全開放的城市；從商業方面看，這裡的商人恬不知恥；從社會生活方面看，這裡的人沒有思想，粗俗野蠻。這裡是個人和團體、公司企業和利益集團居住的地方，他們沒有什麼城市觀念，沒有政治良知。所有的人都在為自己著想，沒有人為芝加哥考量。這裡有政治黨派，但是這些政治組織受控於政治圈子，而這個圈子反過來又是州政治圈子的組成部分，依次得到主要商業利益集團的資助和利用；而利益集團則透過他們的分支機構，將腐敗制度和正在墮落的體系，上上下下、遠遠近近地滲透到社會的各個組織。賄賂的方式五花八門，各式各樣，而且非常普遍；但是最公開的腐敗現象，集中出現在市議會裡。這裡從未得到過很好的組織，也沒有什麼條理。市議員有「聯席會」，有領導人和價格，但是，還有許多和善而又誠實的盜賊，他們獨立於政黨老闆和「組織」，因為老闆和組織忙於自己的貪汙受賄。他們是那樣不合規矩。商人們走進市議會，將敲詐的歡樂分解成體面和系統的行賄、受賄。這些人多少促進了此類事情的蔓延，不過這種無憂無慮、樂天派的精神，一直存留著，直到查爾斯‧T‧耶基斯（Charles Tyson Yerkes）的出現，才被打破。耶基斯來自費城，對如何運用賓夕法尼亞方法很有經驗，他率先使賄賂成為一項重要的買賣。他必須設法讓自己進入政界，把所有該做的事情做完。他的確完成自己的任務。當一些正派的人大聲呼

籲，號召人民進行狙擊時——因為人民的力量是能阻止這樣的事情——市議員聯席會準備快速把城市出售給「最好的市民」。

芝加哥的人民叫停聯席會的陰謀，他們擊敗了賄賂活動。這大概就是到目前為止，他們所做的一切。但也是他們謹慎地、有系統地嘗試，他們成功的方式證明，只要他們決心去做，就可以做成任何事情。他們為餘下的事情而焦慮，半自由，他們並沒有半滿意，也沒有把事情只做一半。但是賄賂行為，有了「大人物」和「大企業」的支持，是民主政治不得不與之戰鬥、最難戰勝的魔鬼，而能夠戰勝魔鬼的人民，就可以打敗任何敵人。

任何一個地區，任何一座城鎮或村落，任何一個州——整個美國本身——都有相當數量的這種人，他們願意行使投票權，只要不花費些什麼別的。他們不想「傷害到自己的生意」；他們不肯「花費時間去參加什麼初選」；他們不在乎想的太多。但是他們會去投票。這也許不多，但也足夠了。這種獨立的、非黨派的選舉所希望的一切，就是領導權，而芝加哥改革者們所提供的，正是這個。

他們在一開始時，並沒有如此明確的思想。他們根本沒有什麼理論——除了憤怒、體驗、普通的芝加哥觀念之外，什麼也沒有；報紙準備支援改革，不是為了消息，而是為了公共利益。他們嘗試運用幾種理論，還有揭露、著名的審判，甚至對

行賄、受賄的腐敗分子定罪。他們主張改革公務員法，而且，順便說一句，他們立了一個很好的章程，也許是我們國家各個城市當中最好的。但是揭露只會對一次選舉有好的效果；法庭審判也許能懲罰一些人，但即使對這些人定罪，也打破不了腐敗的體系，公民的權利和義務得不到保障。所謂改革法，就像是沒有船員的一條船，儘管他們有「改革措施」，壞的政府還是繼續存在。在那裡，有一個「鬥熊場」，就是那個嘈雜的市議會，應該管一管這裡了。威廉・肯特、約翰・H・哈姆萊恩、W・R・馬尼爾雷、A・W・莫爾特比和詹姆斯・R・曼這些人，已經從他們「值得尊敬的」選區進入這裡，而且他們的存在，證明他們能夠獲得成功；他們的演講是公開抗議；而他們的否決票，簡單明瞭地指出弊端。但是所有這些並不夠。公民聯合會──一個受人尊敬，但卻沒有效率的、一般性的改革協會，在 1895 年、沒有任何計畫的情況下，召開了一次會議。此次會議召集了以萊曼・J・蓋奇為首的兩百名代表性人物，意欲「做出些事情來」。兩百名代表又推舉出十五人作為委員會成員，負責找出「可以做的事情」。其中一位委員為新的市政黨草擬一個詳盡的計畫，一個很老很老的計畫。「這個計畫行不通的，」坐在蓋奇身邊的愛德溫・伯里特・史密斯說道。「是的，行不通，」蓋奇附和道。可是他們不知道該做什麼。為了贏得時間，史密斯先生提議成立一個專門小組。專門小組向十五人委員會報告，然後由委員會向兩百名代表說明情況。這樣一來，就像史

密斯先生說的，他們在「摸索著前進」。

　　但是請注意，他們不做什麼。儘管他們是笨拙的人，他們不過多談論曝光出來的事。「天哪！我們知道的夠多了」，其中一個人說道。他們不會求助議會通過什麼新的憲章，他們過去曾需要過一個新憲章，現在仍然需要。同樣糟糕的是，這些人不清楚自己想要什麼樣子的憲章，但是他們的確知道不要去做什麼，以免讓自己犯下愚蠢的錯誤 —— 傻乎乎地要求一個腐敗的議會，以立法的形式組建另一個腐敗的議會，以取代現存的議會。他們也不會靜靜等著下一次的市長選舉，到時候選出一個「商人市長」，指望這個人為他們帶來一個好政府。

　　他們注定要原封不動地接受眼前的局勢 —— 法律和執法者、社會狀態、政治環境，完全和以前的一樣。而且，就像任何一位政治家會做的那樣，參與下一次的戰鬥，無論是什麼樣的。他們所需要的一切，就是一位勇士。因此有人提議找出一個人，就一個人，讓這個人再去找到另外八個人，由他們組建「市投票者聯盟」。沒有指示和指導方針，之所以取這個名稱，就是因為這個名稱沒有什麼意義，也可能意味著任何意義。

　　可是去哪裡找這樣的人？這是個問題。差不多的人倒是有幾位，但是從中找出一個頂事的最難。有人提到威廉・肯特，這個人年富力強、非常富有、無所畏懼、精明過人，但他是市議員，而且明智的人宣稱，九人組成員不可能都是公正的，但

是看起來必須是這個樣子，不能有利害關係。威廉‧肯特做不到。又有人舉薦了幾位，但是都不合適。

「喬治‧E‧科爾怎麼樣？」

「就這個人吧！」蓋奇先生說道，而在座的所有人都認為這是個妙招。

喬治‧E‧科爾向我自我介紹時，把自己描述為「二流商人」。他身高約五英尺，且知道自己不能再高了；但是他知道，這個身高足夠用了。科爾是一位勇士。不過，在他五十歲之前，還沒有人看出這一點。後來，有個叫馬丁‧B‧馬登的人發現了。馬登是一位出色的市民，西斯通公司董事長，具有相當的政治勢力，是進入議會、整頓那裡混亂與腐敗情況的眾多商人之一。他是耶基斯領導的。馬登住在科爾所在的選區，從科爾住的地方，就能看到馬登的房子。「一看到他的房子，就讓我興奮，」科爾說，「因為我知道那代表什麼。」科爾下定決心打敗馬登，而他發起的一次運動，使他成為全城關注的人物。馬登再次當選，但是科爾已經證明自己，而正是這一點，才讓萊曼‧J‧蓋奇說科爾「是最合適的人」。

「你們來找我，我看也是沒有選擇餘地的選擇，」科爾先生對委員會的人說，「成功的希望渺茫。好吧！」他接著說，「就算是最後的機會，我接受。」

科爾四處活動，忙著組建九人組。他挑選的人有威廉‧H‧

科爾文，一位富商，已退休；愛德溫‧伯里特‧史密斯，法學家和律師；M‧J‧卡羅爾，曾當過排字工人和勞工領袖，現在是一家商業雜誌的主筆；弗蘭克‧威爾斯，著名地產商人；R‧R‧唐納利，市裡最大的印刷企業老闆；還有霍伊特‧金，一位年輕的律師，後來人們發現這個人天生就善於調查。這些人，加上科爾本人，只湊足七個人，不過還有幾個人可以當他的幫手和顧問，他們是肯特、建築師艾倫‧B‧龐德、法官默里‧F‧圖利、法蘭西斯‧拉克納和格雷厄姆‧泰勒。「我們只是幾個平凡的普通人，」他們當中有個人對我說，「而你的任務，就是鼓勵其他平凡的普通人。」然而，這些人被選中，是因為他們能做些事情，而不是因為他們能「代表什麼」。百人團，也就是九人組負責組建的組織，才具有代表性。但是百人團始終也沒有建立起來，選區委員會後來也被拋棄了，而這個選區委員會曾是第一次運動的主要特徵之一。九人組模仿的是「老大和圈子」的樣子，只是他們自己不知道罷了。他們思考的不是原則和方法，工作是他們的本能，而戰鬥始終是他們的主要活動。下一次選舉將在四月舉行，到二月他們就做好準備，還剩下兩個月的時間。既然這是一次市議會選舉，他們直接把目標鎖定在市議員席位。聯盟很快就提交報告，毫不含糊地指出，所有六十八名議員當中，有五十七名是「盜賊」。六十八議員中，有三十四名議員任期將滿，可是這些人很有可能謀求再次當選。

要做的事就是打敗這些流氓惡棍。可是如何做呢？科爾先生和他的委員會是拓荒者；而且他們不得不開闢道路，在沒有計畫的情況下，直截了當地做。尋求選票，誠實的選票，沒有什麼組織可以依賴，他們不得不廣泛展開宣傳。「首先，我們要讓人民知道我們的存在」，科爾說。於是，他走了出去，「努力使自己成為公眾關注的人物」，打開他的短腿、眨著他不大的眼睛，四處演講。他說，聲音裡夾雜著相當獨特的英語腔調，聯盟就是要打敗這些貪汙受賄的傢伙，阻止他們再次當選議員。既然芝加哥願意讓任何人試著去做任何值得在芝加哥做的事情，那就不會在意你是誰，你從哪裡來，芝加哥會為你歡呼喝彩，為你到處宣揚。所以，當喬治・E・科爾站出來，宣布他和他小小的委員會打算在政治遊戲中打敗某些政客時，整個城裡善良的人們說道：「好啊！做吧！把他們打敗；但是你們怎麼做呢？」科爾對此早有準備，他回答說，「如果他們還想再次當選，身居要職，我們就公開這些盜賊的劣跡。」市議員肯特和他正派的同事提交報告，揭露那些不正派議員的不法行為，而聯盟則公布三十四位就要退休的議員的政績，其中二十六位是政治流氓。霍伊特・金和一幫暫時無人委託訴訟的年輕律師，查閱選區紀錄，科爾說，「這些資料我們也將公布於眾。」他們的確這麼做。芝加哥的報紙，長久以來站在正確的一邊，隨時做好準備，把這些爆料刊登出來，何況這些報紙「就有著強烈的趣味性」。愛德溫・伯里特・史密斯陳述事實，科爾添加一

點「薑絲」，而肯特則加點「胡椒粉、鹽和醋」，很快他們引起公眾的注意。委員會裡有些人怕事情鬧大而縮了回去，可是科爾挺身而出，勇敢面對。他成為整個城市的名人，他的照片被刊登出來，還被畫成漫畫；他是「老大科爾」和「老國王科爾」，所有這些，對改革來說都是有利的。一些就要退休的市議員當即退休，另有一些議員則「被退休」。如果說霍伊特‧金他們查找的資訊過於私密，不應公開，可是那時的委員會 —— 現在也是 —— 卻能派人把這些資料送給候選人，並建議他退出候選人名單。這被稱作「政治敲詐」。如果這個詞有助於大家理解政治家們公開進行的這些改革有多麼艱難，我倒願意這麼使用這個詞。

他們一邊談論，一邊工作，而且他們的工作是在選區完成的。每個選區都進行了專門的研究，每個選區所採用的策略都專門進行理解貫徹，而且不同選區進行不同的鬥爭。最初宣稱只是採用「挑釁性的坦率」，不是競爭，他們甚至不堅持這一點。他們想擊敗內部的惡棍，如果必要的話，他們可以幫助類似的惡棍擊敗內部知道內情的惡棍。他們制定忠誠公眾的誓言，但是在某些情況下，他們並沒有堅持這麼做。如同那些政客，他們是機會主義者，他們是不受任何黨派控制的。他們挑動一個黨派與另一個黨派相爭，或者，如果兩個組織團結一致，他們就表現出獨立的樣子。他們破壞許多珍貴的改革原

則，但是卻很少觸動權術政治的規則。這樣，儘管他們設法讓與他們類似的自己人獲得提名，他們並不試圖、也不考慮去與「受人尊敬的」或「有經營頭腦的」候選人競爭。他們也不害怕與選區領導人和「腐敗的政客們」討價還價。他們深入選區，力勸少數派組織領導人提名一位「好人」，承諾給予獨立的支持，接著透過循環宣傳、挨家挨戶的拉票、民眾集會、鼓樂隊演奏、演講和遊行等方式開展活動，阻止多數派的候選人得到提名。我應該說，這場改革運動未明確說明的基本原則，就是讓政客來統治，這在九人組的實際做法中，早已顯露出來。只是透過九人組，以公眾輿論強迫越來越好的人加以實施罷了。但是，我需要再次強調一個事實，即他們沒有周密的理論，也沒有明確的原則，而且一直熱衷於尋找最好的可用之人。他們在某個選區可能與民主黨合作，而在另一個選區卻變成與共和黨合作，可是沒有一個選區認為他們是可尊敬的人。

問題正出在這裡。我們在其他城市所看到過的那種隱伏的、有害的勢力影響，正在擊垮或對抗改革——就是一些受人尊敬的人為了挽救他們的朋友而橫加干涉。在第二十二選區，民主黨人提名第一國民銀行的一位董事、一位很有社會地位和財力的傑出人物當候選人（此人已故）。約翰・科爾文，「四巨頭」之一，一個很有錢的政治家——本來已經去歐洲，現在卻回來投身政界——也參加競選。聯盟則覺得法官哈倫的兒子

約翰‧梅納德‧哈倫更為合適，他們推舉了這個人。受人尊敬的、民主黨候選人所任董事的銀行，恰巧就是萊曼‧J‧蓋奇任董事長的銀行，而蓋奇又是聯盟的人。聯盟所能拿出來反對民主黨候選人的理由，就是這個人將所擁有的房屋出租用於可疑的用途，他的朋友，包括蓋奇先生在內，對此非常憤怒。蓋奇先生提出申訴和抗議。委員會「厭倦了持續的拉鋸戰」，他們快速地結束這場最「可尊敬的」爭奪。他們已經以不太好的藉口「拒絕」政客們，宣稱他們不打算寬容、照管他們的朋友，他們所譴責的某個可憐的魔鬼，這個魔鬼沒有朋友。

當時以及後來，諸如此類的例子還有很多；這樣的事從來就沒有停止過，也永遠不會停止。如果改革在任何情況下都要進行下去，那麼改革必定總是「走得太遠」，因為正是在極端之處，才隱匿著腐敗的根源。聯盟最初遇到並鎖定這個問題時，正如科爾先生說過的，他們不僅阻止了這樣的干涉，而且還固定其自身的特點，贏得公眾信任。那個時候，所有的事情都是公開的。如今，聯盟的工作進行得非常隱祕，可是科爾先生卻把一切都說出去，幾乎達到無情的地步，其粗暴的言語令人無法容忍，坦率的話語嚴厲無情。他犯了大錯，而他們所有人都犯了錯，但是他們的錯，只是幫助他們，因為儘管錯誤明顯地擺在那裡。舉個例子，當時抵制那個叫愛德華‧M‧斯坦伍德的人所表現出來的公正態度，明顯擺在那裡。斯坦伍德，一位名

聲不錯的商人，曾當過市議員，但是他再次競選市議員時，卻遭到聯盟的反對。他們警告這個人，說他「曾為犯罪集團利益投過贊成票」。一位高級公務員、三位法官，還有其他幾位重要人物出面說情，他們認為，「在所有情況下，如果指責斯坦伍德為所謂的賄賂法案投贊成票是不妥的，因為他所做的並不是腐敗行為，也許他的做法恰恰保證選票投向了某個有價值的法令。」聯盟則是這樣回答：「我們認為這種防禦措施，就是站在你們立場上的人滿懷信心提出的措施，這只會可憐地證明標準很低，即城市公務員所遵循的公共行為標準，必須接受好的市民加以衡量。這是立法機構腐敗最陰險、最常見的形式之一，難道你們不知道嗎？」最後，斯坦伍德在競選中被打敗。

聯盟的做法被證明是正確的。二十六位有不良紀錄的、即將離職的市議員，其中有十六位沒有獲得連任的提名。餘下的十位中，有四位在選舉中落選。聯盟隨之在二十五個選區展開推薦工作；五個選區對他們採取不予理睬的態度；在一些選區則進行得很順利，沒有發生鬥爭。

如此非凡的勝利本應該讓某些改革者感到滿意，但是卻有一些改革者被勝利沖昏了頭，走上毀滅的道路。這些人變得精明，他們選擇這個有利時機，驅除百人團委員會裡那些可敬的人士。這個實體組織，當沒有人知道將進行嚴肅的工作時，是最適合發動改革運動的；但是，正如科爾委員會已經學到的

那樣，有著許多利益的代表性人物，是能接觸到的。小的委員會併入聯盟，接著合在一起，就會被人叫做大委員會，被人祝賀。又提出一份章程，借助法律的力量，這個大委員會就會把所有工作，以及所有權力拋給小的委員會。小委員會只有在需要資金或需要某種「真正重要的幫助」時，才會向大委員會提出請求。大委員會核准或認可，擴大起來，休會，而這是大委員會最後一次與小委員會會面。

這樣一來，沒有了「牽扯」，紳士般的牽扯。但是相同的牽扯還有「九人組」增加兩個成員，變成真的九人組，這兩個人是艾倫‧B‧龐德和法蘭西斯‧拉克納，他們準備好又開始一次運動。他們在市議會裡的議員們，所謂的「改革團體」，人數太少了，做不了什麼事，但是他們可以提出抗議，他們也真就這麼做了。他們採用威廉‧肯特的方法，就是尋找可能會發生的事，然後在市議會會議上講出來。

「如果你們繼續像現在這樣，把人民的特許經營權拱手相讓，」市議員哈倫準保會這麼說，「哪天早晨你們一覺醒來，就會發現路燈除了照亮道路之外，還有一些其他用途。」或者說，「某天夜裡，正在監視你們的市民也許會從吸毒場所一路來到這裡，手裡拿著一些大麻。」接著他就會描繪想像中的這種情景：人們從吸毒場所站起身來，衝到市議會議員的席位上。他的講述是那麼生動形象，令人毛骨悚然，致使一些議員感到坐立不

安。「我不是看不起所有類似於路燈和大麻的生意，」一天夜裡，一位德國賄賂者說道，「沒有這樣的生意，我們為什麼來到這裡？」

「我們的意思只是為報紙準備一些標題，」一位主張改革的市議員說道。「如果我們能讓公眾持續關注市議會，我們就能清楚地讓他們知道那裡要發生的事情，且我們還能讓下一次運動更有意義。我們當然能滿足公眾和報紙的需求。」

然而，事實上他們做得更多。那一年他們提出的議案，一直在芝加哥當地政界占據重要的位置 —— 公共事業特許經營權對城市的適當補償。他們宣布，這些寶貴的權力，不能隨便拱手讓人，而且無論是好的法令還是壞的法令，都應重新規定，不僅要確保城市有所收益，公共便利設施和公眾利益也必須得到保障。賄賂者趕緊行賄，特許經營權被賣掉了，抗議活動加速這個腐敗交易的進程，但是即使很匆忙，也是幫了大忙的。透過賄賂所侵吞的掠奪性資本，一週又一週地吸引著公眾輿論，而且假如為市政公用事業產權吶喊的聲音再高一些，並在芝加哥變成鐵定事實，人們有望看到這些資本的擁有者，可能在那些日子裡抽回資金，把過失歸咎於自身的問題。

芝加哥早期大多數有軌電車線路的特許經營權，期限被草率地限定為二十五年 —— 第一次始於 1858 年。到了 1883 年，當最早的特許經營權就要到期時，市議會大膽地決定再延長這

個特權二十年，也就是延期到 1903 年 7 月 30 日為止。這對芝加哥的金融家來說，足夠好了。但是在 1886 ～ 1887 年間，耶基斯出現了，身後跟著懷德納和埃爾金，他們收購了西側和北側的一些公司，運用的正是賓夕法尼亞方法。他向立法機構提交一些議案，希望能獲得通過，卻看到這些議案遭到州長阿爾特吉爾德（John Peter Altgeld）的否決，於是開始策劃下一次讓自己的人當州長。1897 年，雖然沒有得到他想要的所有東西（因為伊利諾州的人民與賓夕法尼亞的人民不同），可是他得到了艾倫法案，如果 1897 年的芝加哥市議會能夠頒布實施，這個法案還是很管用的。

1896 年 12 月，隨著即將離任市議員信譽紀錄的公布，市投票者聯盟開始了其第二次運動。這些就要卸任的議員人數，占原有議會議席的一半，而且，儘管這種狀況出現在艾倫法案獲得通過之前，耶基斯還是活躍起來，而他的人也得到特殊的對待。當運動不斷向前發展時，位於春田的立法機構給了他們指點，當地的發展讓運動有了廣闊的空間。這一年是市長選舉年，市議員約翰‧梅納德‧哈倫設法讓自己獲得提名，以獨立、無黨派候選人身分參加競選。民主黨老闆伯克則提議卡特‧H‧哈里森（Carter Henry Harrison）作為候選人，而共和黨則提名納旦尼爾‧C‧西爾斯法官。那個時候，哈里森的名氣還沒有他父親的名聲大，西爾斯是個很好的人，但是這兩個人都沒

有抓住有軌電車公司問題。哈倫先生則以此為突破口，他所發起的運動，至今在芝加哥都還有人議論，這是一次非常棒的行動。他透過報紙宣傳報導，讓全城的人都聽到他在議會上一次又一次發表的激烈長篇演說。人們所聽到的，不是他控告受賄的立法者，而是他責難有錢的行賄者。有一次，他一個個質疑軌道交通公司的董事，詢問在他們的企業透過州立法機構行賄時，每個董事都在做什麼。他的態度是誠摯的；他的演說是有說服力的；他的提問是誠實的。當然，他也是個詼諧有趣的人。耶基斯稱他是一頭驢。「假如耶基斯能夠查閱一下他家的《聖經》，」哈倫說，「他就會知道，偉大的事業，都是長著像驢一樣下巴、特別善辯的人完成的。」這個年輕人沒有組織（聯盟限制市議員加入自己的組織），這是一次由演講發起的運動，但是哈倫抓住了芝加哥人的精神靈魂。而且到最後一個星期，人們說道，你可以感覺自己的情緒受到這個人的深深感染，儘管他沒有成功當選，只得到 7 萬張票，但是也比共和黨的候選人多出 1 萬張票。最終當選市長的是哈里森。不過，哈倫運動不僅表述了人們對交通公司問題的真實想法，據說也讓年輕的市長哈里森學會如何利用此次運動的成果。無論怎麼說，哈里森和芝加哥從那時起，就城市本身而言，一直是安全的。

聯盟也在這次運動中有著不俗的戰績。三十四位行將卸任的市議員，被聯盟公開揭露劣跡的，就有二十七位；十五位議

員沒有獲得再次連任的提名。餘下的十二位議員，雖然有機會再次參加競選，但是其中九位落選。這個勝利，使聯盟在市政委員會裡穩穩地成為第三大實力派。改革團體與市長哈里森、市政委員會主席及其追隨者聯合起來，共同阻止能讓耶基斯骯髒的艾倫法案生效的法令頒布。

在這個時候，聯盟也許應該載譽而退，但是這些「平凡的普通人」沒有這麼做，而是認為他們應該繼續前進，得到更多的、以無黨派為基礎組建市政委員會，讓消極的、反賄賂的政策過渡到積極的、建設性的法律法規。這也意味著，要從「打敗壞蛋」轉向「選出好人」；至於好人的標準，則被提高了，不僅僅是誠實的人，還要是誠實能幹的人。有了如此高的目標和意圖，九人組決心發動他們的第三次運動。他們不得不譴責第一年曾推薦的一些人，但是「我們始終做好了含垢受辱的準備」，他們說。他們把矛頭對準特許經營權問題，號召有能力處理軌道交通問題的人站出來，並利用鼓樂隊演奏、演說家吶喊和科爾如同船長似的吼叫，使 1898 年的這場運動，成為他們歷史中最為猛烈的一次。此次運動幾乎扼殺了他們當中的一些人，可是他們「勝出」了，他們成為市政務委員會名義上的多數派。

接著，他們第一次感受到被挫敗的痛苦。他們沒能把市議員們組織起來。他們嘗試了，眼看就要成功時，卻遭遇失敗，最為嚴重的一次失敗。聯盟將一些新人帶入政治生活，這些人

主要是小企業老闆和店鋪老闆，均有很好的信譽紀錄，或者根本沒有紀錄可言。選擇這些人問政的用意是好的，可是善於經營商業的人，並不一定適合政治；店鋪老闆知道如何抵禦影響交易的各種誘惑，但是他們對如何承受政治交易的誘惑，卻沒有什麼經驗。賄賂犯罪集團「輕而易舉就把他們當做玩具兵那樣，一一打翻在地」。他們被勸說，「讓執政黨組建委員會」，競選市政委員會只是他們的權利；這是「慣例」，而且，透過賄賂、詭辯和奉承等手法，聯盟的內部開始瓦解，被一些立場不堅定的朋友打敗了。聯盟真正的危機已經出現。

科爾先生辭職了。他接受這個觀點，即聯盟的工作已經完成，不能再做什麼了。他的身體狀況大不如前，他的企業每況愈下，瀕臨倒閉。一些大企業、鐵路公司、大商號以及這些人的朋友，從他那裡搶走很多生意。這幫人在改革運動一開始時，就聯合起來抵制，不過那時的科爾還能勇敢面對，宣稱自己「根本不在乎」。而如今他卻說，「我有老婆、孩子，我希望得到他們的尊敬。餘下的事都他媽的見鬼去吧！」科爾組建聯盟的初衷是改革立法機構，但是到了 1898 年之後，九人組厭倦了，對運動感到失望，而科爾一時也顯得力不從心。

九人組不得不讓科爾和霍伊特‧金離開，但是他們不願意讓聯盟的事業就此終結。他們沒有接替科爾的合適人選，委員會裡沒有人願意去坐科爾的位子，他們互相推讓，只好到外面

找人，但是沒有找到。前景一片漆黑。就在這時，威廉・肯特開口說話了。肯特有的是時間和金錢，但是他不肯做別人勸他做的事情，誰也不行。他的身體不太好，醫生已經發出警告，如果想長壽，他必須少工作，多運動。但是當他看到眼前發生的事，他說道：

「我不是做這種事的人，我不會做組織工作。搭建一樣東西，我也許要一年的時間；可是砸碎這個東西，我一分鐘就夠用了。但是聯盟的工作還要繼續進行下去，如果你們能給我一個能幹的、善於組織和處理瑣碎事物的祕書，我願意接替科爾的位子。」

這樣的祕書還真不好找，不過艾倫・B・龐德，一位建築師，是個善於做此類工作的人，他接受了這個雜亂的任務。肯特和龐德兩個人隨著委員會力量的加強和活躍，維護自身的權利，他們不僅勇敢面對反對改革的敵對情緒浪潮，而且還獲得進展。1899 年，他們贏得了市政委員會的多數席位，明確地成為多數派，且在選舉前，讓他們的人向市政委員會作出承諾，形成富有建設性的立法機構。1990 年，他們增加了自己的多數，但是他們並不認為有必要在選舉前，將候選人與非黨派委員會計畫結合在一起考量，而共和黨人組織了議會。這個黨維持了委員會的標準，那裡沒有出現衰退，不過問題不在這裡。黨派在市政委員會得到了承認，而聯盟只是希望有一條分界

線 —— 特殊利益與城市利益之間的分界線。然而，在肯特和龐德掌權期間，聯盟權利的永久性得到確立，質疑其永久性的問題得到解決，任用有能力、盡責的市議員作法，得到肯定。聯盟所發展並加強的公眾輿論，穩定了市政委員會的狀態，加上哈里森市長及其個人在民主黨的追隨者，也站在他們這邊，迫使市議員們在艾倫法案被廢止之前，拒絕為有軌交通公司做任何事情。而且，由於已經做好在春田通過任何法案的所有準備，耶基斯不得不接受艾倫法案的廢止，並很快關閉他在芝加哥的企業，跑到倫敦，據說他在那裡生活富裕，也很愉快。

我第一次去芝加哥時，是為了看一看那裡的腐敗是如何形成的，而我發現，這裡的問題都與政治機器有某種關係。芝加哥政府制定標準的城市發展計畫，只是計畫背後隱藏著集團老闆和賄賂交易的利益。費城、匹茲堡和聖路易都是依據這樣的計畫進行管理的。但是在芝加哥，這個計畫卻行不通。「交易」停滯不前，生意蒙受損失。出什麼事了？我以這些問題盤問政治領導人：「政治家們為什麼不加以控制？統治機器出了什麼故障？」「『老大或老闆』抵禦組織，責罵人民。」我抗辯道，「但是任何有能力的政治家，都是能夠愚弄人民的。」「老闆責罵改革者。」「改革者！」我大叫起來，「我曾見過你們的一些改革者。他們與別的地方的改革者沒有什麼兩樣，不是嗎？」「是的，」他說，顯得很得意。可是當我斷言，這肯定是芝加哥老闆

們的薄弱之處時，他的自豪感變成了抱怨。「聽著，」他說道，「你見過那個該死的費希爾嗎？」

我說還沒有見過。「這麼說，你想見他的」，他說。而我直接就去了，並見到了費希爾——市投票者聯盟祕書沃爾特·L·費希爾先生。正是這次會見，讓我開始懂得芝加哥的政治局勢。費希爾是一個改革運動者，一位經濟獨立、很有能力的年輕律師，頭腦裡裝滿崇高的人生目標和遠大理想，為人自信、氣度非凡、敢做決定。他向我展示資料櫃裡擺放整齊、編有索引的資料。不過，類似的東西，我以前在別的地方也見到過。他概述市投票者聯盟的計畫，完全是以一種無聊的、禮節性的、常見的方式。在他所描述的改革方案中，沒有什麼新的、充滿活力的內容，在他身上也看不到什麼亮點。一切都是那麼不可思議。後來我問他是如何攻克第十七選區的。這個選區的情況有點複雜。有一年，共和黨候選人獲勝，得到 1,300 張票；而第二年，卻是民主黨以 1,800 張票獲勝；到了第三年，共和黨再次獲勝，而通常人們認為這是民主黨的選區。聽了我的詢問，費希爾臉上露出喜色，目光中透出敏銳、精明。他說道，「我沒有刻意去爭取那個選區。那是選區人民自己做的，但是我會告訴你，那個選區是如何管理的。」他跟我講了一個故事，那是政治。我問了一下另一個選區的情況，他又講了另一個故事。這完全是不同的，但同樣是政治。費希爾是一位政

治家——以其所接受到的教育、廣泛的人際關係，和失敗改革者的理想主義；這個人是狡猾的、勇敢的、老練的、少見的鎮定，以及對人民的信任。簡而言之，芝加哥的改革有這樣的領導人，可以說讓這裡的腐敗集團遇到對手；這個人有一流的執行頭腦和天生的管理人天賦。

1900 年，市議員運動結束後，當岢特和龐德兩位先生分別辭去聯盟執行委員會主席和祕書職務時，查理斯·R·克蘭和費希爾先生分別接替了他們的位子。克蘭先生的公司經營國際貿易，經常要去俄羅斯，但為了參加市議員運動，他回到芝加哥。克蘭先生把計畫的實施，全部交由費希爾先生來執行，並說費希爾是個人物，而他在背後悄悄地以極大的力量和持續的行動加以支持。這兩個人，加上經過精心選出的委員會成員，使聯盟更加穩固，組織機構完善，並在前一年為開展工作而設立一個總部。委員會的成員經驗豐富、政治敏感度很高。他們是龐德、岢特、史密斯、弗蘭克·H·斯科特、格雷厄姆·泰勒、西格蒙德·蔡斯勒和萊辛·羅森塔爾。這股力量，加上費希爾先生的政治才能，使聯盟成為權術政治當中不可缺少的角色。費希爾在一些「沒有希望的」選區進行戰鬥，並贏得這些選區。他讓市政委員會裡改革派的席位增加很多，成為三分之二的多數；他提高當選市議員的標準，要求他們不僅誠實，還要有足夠的能力；並在他任職的第一年，就以非黨派為基礎，組

建市議會。市政改革的這個特點，現在得到確立，市議員們也對聯盟的工作表示滿意，而且這也是最重要的特點。「我們有四發炮彈，可以打擊所有進犯市政委員會的人，」聯盟的一位成員說，「第一發打向有前科的一位議員，他的任期就要結束；另一發打向當時預謀在選舉前獲得提名的傢伙；第三發的目標是參與競爭的一個候選人；第四發在委員會形成時再發射。假如這個人是個壞蛋，就讓他在一個實力較強的委員會裡扮演少數派；假如他是個不太可靠的人，在一個重要的委員會裡擁有微弱的、不明確的多數，而少數派又是那麼強勢，足以讓這個人攤牌，那就利用少數派的報告將這個人打敗。」為了不干涉立法，聯盟小心翼翼地密切觀察市議會裡的一舉一動。科爾首創這種做法。每一次市議會開會，他都會坐在旁聽席，但是在克蘭和費希爾的領導下，一位祕書助理 ── 起初是亨利·B·錢伯倫，現在是喬治·C·賽克斯 ── 會來跟蹤委員會的日常工作，以及重要會議的進展情況。

費希爾維持了以前的做法，以非常實用的方式、有針對性的會見政客們。如果圓滑的措辭和良好的幽默感無法奏效，他就對這些政客施加壓力。這樣，當他提前一年著手準備在「差勁的」選區展開拉票活動時，他就向這個選區派去兩方人馬，加進選民名單，這裡面有領頭的，有助理人員，還有捧場的。他們拒絕了，對他的「厚顏無恥」表示驚訝。錢伯倫先生指導最

透澈的選區情況調查工作，一個選區一個選區，一條街道一條街道，不僅獲取大量有價值的資訊，而且還讓那些聽到質詢的政客們驚恐萬分，他們當中有許多人改變立場，交出他們的名單。然而，無論這些做法是否有幫助，選區得到了調查，而且正是利用這些資訊，以及對政治工作的理解，加上及時對選區人民的呼籲作出反應，費希爾才與休伯特·W·巴特勒一起，在亨利·伍爾夫自己黨的選民代表大會上，打敗了這位臭名昭著的前州財政部長。伍爾夫原本打算以獨立候選人參加競選。

如此的成功經驗贏得政客們的敬重，也讓他們感到恐懼。1902 和 1903 年，最差的政客和最好的政客親自來找費希爾，看看他們能夠做些什麼事情。政客們發現，費希爾是他們「談話遊戲」的匹敵者，而他們的優勢在於策略，因為當費希爾無法勸服他們推舉好人，「公平行事」，他會在戰略上權衡自己和政客們的力量對比。例如，有一天，民主黨第九選區的民主黨領導人萊夫勒詢問費希爾，聯盟是否不希望在他的選區提名民主黨候選人參加市議員競選。萊夫勒的生意夥伴，「火爐」布倫納，以共和黨候選人參加競選，而費希爾知道民主黨組織一定會為布倫納拉票。但是費希爾接受這個政治遊戲的挑戰，建議邁克爾·J·普雷布為候選人。萊夫勒感到茫然；他一點也不了解這個人，但是他接受費希爾的建議，提名普雷布參加競選。第九選區猶太人的勢力很強。為了防止共和黨人和猶太人把票投給布

倫納，費希爾設法提名雅各‧戴蒙德這個受歡迎的猶太人，以獨立派身分作為候選人。他假裝支持戴蒙德，並對普雷布和戴蒙德兩人說，最終要看這兩人的競爭，看誰發展的力量更強。與此同時，聯盟監視著萊夫勒的舉動。萊夫勒表面上支持普雷布，暗地裡卻在支持布倫納。離選舉還有五天時，事態已經明朗，儘管戴蒙德出人意料地培養了自己的實力，普雷布還是比他更有優勢。費希爾去找萊夫勒，指責他沒有盡全力幫助普雷布。萊夫勒則宣稱自己已經盡力了。費希爾建議萊夫勒寫信給他的一些私人朋友，要求他們把票投給普雷布。萊夫勒猶豫了一會，還是在費希爾已準備好的信上簽了字。儘管萊夫勒同意把信寄給選民，他卻提出在猶太人報紙上刊登他的聲明，認為寄信的方式是「不必要的開支」。費希爾趕回聯盟總部，以最快的速度將信件複製，透過郵局，寄給該選區的每一位選民。等萊夫勒聽說此事，為時已晚，他根本來不及做任何事情加以補救；他試過，但是怎麼也收不回這些信件。最終，萊夫勒的夥伴布倫納在選舉中落敗。

　　一個政客？一個老闆。芝加哥請來沃爾特‧L‧費希爾做改革派的老闆、市投票者聯盟九人組的成員，利用與他們相關的編輯、能幹的金融家和諮詢委員會，形成改革派的圈子。他們沒有政治機器，沒有任免權，沒有可以濫用的權力。他們甚至沒有一份完整的選民名單。他們所擁有的一切，就是人民對

芝加哥這幾位誠實的、匿名者的信任。這些人對芝加哥的關注遠遠超過其他任何事情。根據記載，長期以來，他們憑藉著準確的判斷、誠實的態度、獻身公益事業的精神和公正無私的作風，獲得很大的勝利。他們甚至避免人們把這些成績變成他們的個人信譽。在這個城市，能夠說出委員會九人組成員名字的人，不會超過一百人。

　　一開始他們的工作範圍很廣，到了必要的時候，他們逐漸撤回。從那時起到現在，他們如今的政策，就是一種莊重的沉默。除非需要他們對事實真相做出清楚的陳述，他們才會以聯盟的名義講話，簡樸的、直接的，但是滿懷人類的情感，只要選民高興，允許他們的選民響應他們的號召或反對他們的主張。我已特別強調費希爾和九人組的政治能力和政治技巧，並非因為這是他們可以依賴的主要優勢，不是這樣的。公眾輿論的研究和啟迪，才讓他們具有強大的力量，發揮深遠的影響。可是其他改革派組織也曾以這種方法做過嘗試。這些改革者，利用報紙和市議員，不僅做得徹底，而且做得頑強。他們培養有知識的市民；他們使改革成為一種有效的力量，在立法機構和政界產生非常實際的作用。總之，按照政治方式引導的政治改革，已經產生了改革派政治家，他們利用政治手法為城市的改革進行工作。除了買賣選票賄選之外，政客們能做的事，他們都能做。他們是在為城市的利益玩弄權術。

那麼，城市從中得到了什麼？許許多多。但是至少有一個偉大的奇觀，那一年的政治奇觀可以向世界展示，而這個奇觀仍然存在。美國兩個城市的軌道交通公司的代表 —— 他們是合適的、可信任的 —— 與美國市議會理事會的一個常務委員會面談，為延長某些軌道交通特許經營權、許可權進行談判。按照既有利於城市又有利於公司的公平條件，沒有傳出一點賄賂的謠言，他們的認知沉著冷靜、合理妥當（站在市議員一邊，擁有長期調查所獲得的資訊和非常專業的知識）；與此同時，他們還把目光盯在未來的發展、交通公司合理的利潤、城市居民出行的便利上。這是在美國城市 —— 在芝加哥！

　　耶基斯曾企圖「固定」下來的那些特許經營權，在 7 月 30 日到期。關於此事，出現了一場糾紛，軌道交通公司被迫準備戰鬥。一個是由芝加哥資本控制的芝加哥公司，而該公司的人了解情況。另一家公司屬於紐約和費城的資本家，這家公司在耶基斯放棄並離開芝加哥後，由他們控制；他們不理解這家「外來」公司會拿錢，挑選精幹的人來芝加哥參與「爭鬥」。據說撥款議案裡，有一個條件，那就是「用於芝加哥 —— 100 萬美元」。當地的官員、董事們和朋友們，警告他們「慢慢來」。

　　「你們的意思是說，」東部的人說，「我們在費城，在紐約或別的什麼地方做過的事，不能在芝加哥做，而且……」

　　「我們正是這個意思。」這就是回答。

　　難以置信的是，他們的確做了一些這樣的「工作」。他們設法讓破碎的圈子，還有一些「破產的老闆」與他們站在一起，在某個特別方面，讓城市處在不利的位置上。儘管特許經營權已經失效，但是城市在法律上，並沒有絕對的權力來接管軌道交通公司，只能從春田那裡獲得授權。共和黨圈子，加上一些民主黨人追隨者，根據明確的安排，組建了立法機構，規定「1903年不允許任何交通公司議案通過」。交通公司知道他們不可能獲得任何許可了，他們所請求的一切，就是城市也無法獲得。這是一場政治遊戲，但是芝加哥確信兩派可以參與遊戲。市長哈里森準備再次競選，在交通公司的問題上，他是正確的。共和黨則提名斯圖爾特參加市長競選，這個人也給出承諾。接著，他們都去了春田，在整個城市和全州的觀望下，城市改革派的政治家擊敗了這裡的常客。城市的提案擱置在委員會裡，但是為了給斯圖爾特創造一個露臉的機會，共和黨圈子不得不促使某種提案通過。他們可憐巴巴地拿出一個可供替換的提案。由於遭到城市的反對，議長在極端興奮的狂喊聲中，「落槌強行通過」了這個替代議案。他通過這個議案，但是卻被人們趕下議長的寶座，隨即又傳出他的醜聞，圈子只好重新考量那個法案，通過了城市自己的權利授權法。

　　兩家交通公司都對春田的這次慘敗表現出興趣；他們曾共同工作，但是當地的資本家不喜歡這個交易。他們很快提供了

分別解決的方案，開始與城市的一些律師進行會談，其中有聯盟的愛德溫・伯里特・史密斯和約翰・C・馬西斯。東部人的代表，即使有「傑出的」紐約律師的率領，也不得不進行談判。他們傑出的律師著手開導市議會委員會。這個委員會曾出訪過東部所有大城市，到處考察那裡的交通情況；根據他們自己的陳述，他們從這些城市中學到很多東西，並由一位專家為城市寫出一份有史以來最為完整的報告。此外，他們了解相關交通公司特許經營權的法律法規，了解的程度遠遠超過紐約律師。因此，當著名律師口若懸河、振振有詞地發表高論時，一些固執的市議員就會站起身來，說演講者是在「撿拾」上一位發言者如此這般講過的東西；但是假如此類的話是來自紐約的上層人物，他就無法那麼確定，那麼在他看來，就是些廢話。接著律師就會編織另一張網，結果卻被別的、一些長相平庸的市議員扯成碎片。這些律師說不出話來。有人建議他們去找費希爾。他們見到了費希爾。

「歡迎你們，」據說他是這麼說的，「如果你們願意談一些愚蠢的事情，我看你們最好是住嘴。我不會為市議會說話，但是我知道什麼時候市議會會為自己說話，他們會說些什麼。那些市議員們懂得他們的生意。他們知道什麼有意義，什麼沒有意義。你愚弄不了他們。假如你有很好的理由找他們辦事，他們會走過漫長的路來幫助你。不過，關於這件事，你們高興怎

麼做就怎麼做吧！但是我要提醒你們，不要自討沒趣，腦子裡不要想著那件事 —— 企圖用錢賄賂他們或任何別的人。他們能耐著性子聽你們胡說八道，但是假如我們聽說你們在行賄哪個人 —— 哪個市議員、哪個政客或哪家報紙、哪個記者 —— 所有的談判就會立即終止。沒有人要敲詐你們，沒有人。」

這在我看來似乎是改革的最高峰。這裡有一位紳士，以十足的信念和豐富的知識，不容置疑地向公司的代表們保證，他們可以從市議會那裡得到所有應得到的，不必支付額外的花費，只要理由正當。我聽說許多商人認為，這樣的優惠條件，費希爾的寬容，一定會引起欣喜若狂的歡呼。他們在芝加哥是如何喜歡這種做法的？他們根本不喜歡。我曾花整整一個下午的時間，分別拜訪對公用事業公司感興趣的銀行董事長、大商人和融資人。我在其他地方所蒐集到的所有證據顯示，這些人是腐敗的主要來源。雖然手裡有這麼多證據，那一天的採訪，給我造成的震撼，還是讓我始料不及。芝加哥這些金融界的領袖們都「瘋了」。當他們談論到他們無法規規矩矩地行事時，幾乎所有人都怒不可遏。他們奮起反抗，臉漲得通紅，開始詛咒改革。他們說這傷害了他們的生意、這讓城市蒙受損失。「獨裁政治」，他們這樣稱呼改革。他們點出一些離開該市的企業名字，還說有些公司本來打算來這裡發展，現在卻去別的地方。他們向我提供許多情況和資料，以證明這個城市遭到毀壞。

「可是改革委員會不是很誠實嗎？」我問道。

「誠實！是的，但是 —— 嗨！別提了！」

「那麼你們是否意識到，你們所說的一切意味著你們後悔賄賂資金的消失，寧願退回去，選擇原來的腐敗委員會？」

這引起一陣罵聲，或者狡詐的微笑，或者嘲諷的大笑，但是他們後悔賄賂體制的消失，卻是事實。痛苦、驚訝……不過這是再自然不過的事。我們已經在費城和聖路易見過他們靠行賄、受賄所獲取的利益；我們已經見過他們反對每一個城市的改革。這裡，在芝加哥，我們看到他們在詛咒改革所獲得的成果，原因很簡單，儘管改革為城市這個由自由人民組成的大區域帶來巨大的好處，但是在這些人眼裡，那糟透了：改革壞了他們的生意！

芝加哥為其改革付出昂貴的代價，而別的地方的改革者們也會意識到：假如他們成功了，他們所在的城市在一開始時也要付出代價。資本家會聯手抵制改革，而資本會給改革加上一個不好的名聲。許多銀行家為我提供他們遭受損失的證據，讓我依據這些消息寫文章詆毀這個城市。那麼，芝加哥的改革得到顯著的讚揚嗎？不，沒有，仍然還是毀譽參半，「專制的」、「社會主義的」（市政所有權的商業術語），這「對資本是不友好的」。但是芝加哥知道他們追求的是什麼，知道要付出的代價是什麼。那裡的商人願意付出，他們是這樣對我說的。許多商人

站在聯盟的執行委員會和金融委員會這邊，還有的商人在外頭幫助芝加哥商界和餐飲業的領導者。此外，還有一些創業者，他們期待的是自己喜歡的誠實議會。有個創業者對我說，他打算快一點申請到特許經營權，而且他相信能申請到，儘管與市議員就合約款項進行公平談判所花費的時間，要比行賄長一些，因為市議員在保護城市利益方面，還是很精明的，然而生意可以在這個基礎上談成。「這些改革派的市議員辦事是慢了一些，但是他們很公正。」他說道。

市議員是公平的。他們曾被軌道交通公司的閒聊、詭計騙術、行賄手法所激怒，糟糕的服務，為市民帶來的不便，還有這家公司種種誘惑的困擾，他們現在變得更公正一些了。他們已經把軌道交通公司逼到死角。談判在進行，而他們能以報復的心理擠壓軌道交通公司的人。這些市議員的精神是什麼呢？「好吧！」一位市議員對我說，「我來告訴你我們的感覺。我們已經讓城市的利益得到很好的保護，這是第一點。但是我們還有比這更重要的事要做。他們怕見我們；這些資本家不知道如何對付我們。他們還沒有適應以新的、改革的、誠實的方式做生意。我們已經表明願意給他們的資本，這些資本都會流向他們，只是多了一點點……一點點，那就是讓他們習慣誠實做事。」這話說得不帶一點幽默感，有些焦慮，但並不痛苦，沒有一個詞涉及到社會主義或「被沒收的市政所有權」，那是資本主

義的「妖怪」。還有一次，一個星期六的晚上，我的一個朋友向我抱怨市議員們的「古板」。那天整整一個下午，他都在與主要的市議員們一起開會。「首先，」他說道，「他們不得不為城市的利益採取保護措施，哪怕是一些並不那麼重要的利益。還有，當我們似乎談完了，他們又改變主意，就像公司律師似地，為保護公司與我們辯論。」

這些芝加哥的市議員是這個國家的光榮！像傑克遜和梅弗，赫爾曼和沃諾這樣的人，對我們國家的人和立法機構而言，都會是一種信譽。但是在這塊土地上，沒有這樣的實體，使他們能夠做更多的好事，贏得更大的榮譽。我相信有朝一日，資本會選擇與他們做生意，而不是一些人用來到處進行敲詐和行賄。

如果這一天能夠到來，市議員們就能與市投票者聯盟一起分享榮譽。但是，這個城市的市民們會接受最大的光榮。正如他們目前已經做的那樣，他們還會完成改革的壯舉。我的一些評論家朋友聲明，他們無法相信在我所敘述的諸多地區裡，存在如此多的特點差異。那麼，他們如何對芝加哥作出解釋呢？那裡的人民有政治派別，他們是虔誠的黨徒。但是他們知道如何投票。早在聯盟開始之前，歷史記載就顯示他們把選票按照精心制定的整治計畫混雜起來，所以他們總是有老闆，現在也有，但是這些老闆承認，他們「控制不了芝加哥」。我認為這是他們失誤的部分原

因。有一天，我與威廉・洛里默這位占優勢地位的共和黨老闆談了一個小時。無論身為男人，還是身為政治家，他讓我留下的印象，都不如克羅克，或者費城的德拉姆。但是一個局外人，也許很容易在像這樣的點上弄錯，我們也許會與芝加哥人民一起，將信任留在他們安放的地方。費希爾是一位非同尋常的、強而有力的人物，身為政治家，與任何城市著名領導人相比，都更堅強；但是費希爾的力量源於人民的力量。他的領導地位也許能讓他做成很多事，但在他身後，有更深、更大的力量。在最近一次的市議員選舉中，選前的一個星期六，他發現聯盟準備推薦一位較差的共和黨人和一位糟糕的民主黨人進行競爭，便勸說那個選區的選民，把票投給一位社會主義者；而那個選區的人們真的這麼做了，結果社會主義者當選。另外還有新聞報導，這裡的報界是我們幾個大城市中最好的。芝加哥就有幾家報紙，它們致力於服務公共利益，而它們的建議往往會被其讀者廣泛接受。這些報紙的編輯們，如同聯盟沒有出現之前那樣，行使那種老式的新聞力量，而這種力量被假定為已經死去了。的確如此，在這場改革的整個故事當中，最微妙地展示出的那種漠不關心，就是這些報紙放棄了個體力量和信譽。而這種力量和信譽，是它們對公眾輿論的影響——轉向聯盟，在此背後，它們走在一起，為城市獲得它們自身所失去的東西。但是，這讓它們有了回報。它們並沒有以那為動機；它們是為了城市才這麼做的，但是城市承認這種服務，就像另一個事實所顯示的那樣：在芝加哥也有一些不好的報

紙，它們為特殊利益團體服務，而且這些報紙能拿到許多錢。

改革的代理人一直很多，他們的工作效率也很高。但是在他們所有人的背後，是充滿智慧、信心堅定的人民，是人民在產生決定性作用。芝加哥這座城市是由芝加哥人民統治的。那麼，芝加哥市民為什麼在改革運動進行到一半的時候，就感到滿意了呢？他們為什麼重組市議會，卻沒有對市政府的管理職能進行調整，而是將這個問題留待很久以後再解決呢？「一次只做一件事。」那裡的人們會這樣對你說。經過七年堅定的、奮勇拚搏的改革運動，看到他們如此有耐心，真讓人有一種奇妙的感覺。

但這不是理由。人們一直在對行政管理進行改善，這裡的管理機構運轉緩慢，反覆無常，令人感到荒謬。消防部門是優秀的；員警部門令人丟臉；法律部門專業性很強；衛生局腐敗透頂，街道清掃簡直不值得一提。所有這些，就是卡特·H·哈里森的政績。他這個人很誠實，但是過於懶惰；是一個精明的政客，儲備著力量，但是卻沒有啟動的力量。缺乏理想，他只做人們要求他做的事情，沒有人告訴他，他似乎不知道錯就是錯；只要沒有批評能激發他的政治感覺，意識到民眾的需求，他就什麼都不在乎。這種感覺是敏感的，可是想一想吧！每次芝加哥想往前多走一步，都先要一寸一寸地推動市長。簡而言之，芝加哥這座城市希望有人來領導，而哈里森以其遠大

的政治抱負、真誠的意願和倔強的獨立精神，正好順應芝加哥人民的需求。聯盟的成員和聯盟的領導者，懂得人民的心思。那麼，聯盟為什麼服從哈里森市長？聯盟為什麼沒有像推薦市議員那樣，推薦市長呢？也許有一天他們會這麼做。但是，靠偶然機會開始的清除市議會；阻止行賄、受賄，解決城市交通問題，他們已經對哈里森市長很滿意了，因為這個市長已經從這些事情當中，吸取了教訓。而且我認為，正如他們說的、市長的想法，當芝加哥人民能夠讓城市的軌道交通以足夠的車輛和動力運轉；當人民能夠永遠地終止賄賂行為，人民就能幫助政府承擔起城市管理方面的義務。一個城市的民眾，能在長達七年的時間裡，支持一項改革運動，這個城市就有能力永遠前進。隨著大型賄賂集團的垮臺，偷偷摸摸的政治賄賂也可以輕而易舉地得到阻止。所需要的，就是市長能理解城市的需求，並展現市民的意願。市長既然有能力支持改革，他就應該有能力把芝加哥政府樹立為一個好的榜樣；他們的做法，將會形成廣告效應，良好的生意，終將得到回報。

後記：1903 年 12 月。芝加哥已經開始著手處理行政管理層的貪汙腐敗問題。市議會正在進行一項調查，其結果將顯示該市政府曾經是第二個明尼亞波利斯市政府。哈里森市長給此項活動很多幫助，市民們也表現出很大的興趣。毫無疑問，芝加哥將會被清掃得一乾二淨。

紐約：有待檢驗的好政府

（1903 年 11 月）

就在這篇文章要發表的時候，偉大的紐約正準備舉行地方選舉，對「什麼樣的政府是好政府」這個國民問題做出選擇。毫無疑問，還有其他「問題」。在寫這篇文章的時候（9 月 15 日），候選人還沒有獲得提名，施政綱領也沒有擬出。但是普通政客仇視這個主要問題，他們卑鄙地玩弄把戲，提出所謂的「地方問題」，混淆人們誠實的想法，分裂誠實的選票。而這種詭計一旦得逞，就會確保他們在下一屆誠實政府選出之後，仍然有自己的勢力範圍。所以，肯定還會有一些人議論此次選舉對下一次總統大選可能產生的影響。另一種非常聰明的花招，則用於維護集團和行賄者的優勢，使良好的市民身分蒙受恥辱，使善良的市民感到絕望，這種手法很少有不奏效的時候。我們拿不出什麼辦法來應對這些騙術。他們也許在紐約說了算，他們也許能夠決定結果，但是隨他們的便吧！在舞弊政治家的遊戲裡，這些只是普通的招數。因此，公平地檢驗市民身分，看其是否誠實，並不是誠實選民唯一的資格；智慧也必須發揮一份功用，因為只要稍微動動腦筋，就能識破所有這樣的政治把戲。不管怎麼說，他們妨礙不了我們做出判斷。我寫的可能過於超前，

而我的讀者，在很大程度上，所讀到的東西，也是過於超前，不能了解或關心與此相關的任何資訊。我們可以緊緊地掌握所涉及到的實質問題，然後平靜地觀察對這個問題的回覆，簡單的「是」或者「不是」，紐約會對我們大家關注的唯一問題，給出答案：[04]

我們美國人真的想要一個好政府嗎？當我們看到這樣的政府，我們了解嗎？良好公民自身就能成功地實現民主，我們有資格持久不變地擁有這樣的資格嗎？或者，為了拯救我們的自豪感，換一個問題：紐約道路是持久改革的正確道路嗎？

由於紐約有一個好的政府，或者說得準確些，擁有良好的行政管理，所以在那裡，將流氓無賴驅逐出去，把誠實的人安排到各個崗位上，不是什麼問題。誠實的人已經進來了，而這次選舉就決定他們是否繼續留任，這是一件非常不同的事。任何人都有能力憤慨地站起來，推翻壞的統治者。費城在其改革的鼎盛時期，就是這麼做的。紐約已經做了好幾次。借助剛剛出現的、想報復的憤怒情緒，特別壞的人受到懲罰，而常見的那種因憤怒而產生的暴民意識，則形成情感上的滿足，刺激人民走上大街，與民眾一起「砸碎什麼東西」。但這不過是暴亂，即使是在君主政體的國家，也會有以國民名義發動的暴亂或起義。但是暴亂不是改革，一個革命的行政管理機構，不是一個

---

[04] 坦慕尼派企圖提出國民問題，但是沒有成功，而「好的政府」實際上成為所提議的唯一問題。

230

好的政府。我們自由的美國人，有能力堅決維護我們的最高權力，我們已經證明了這一點。喜歡濫用私刑的人，每天都在演示這種力量。我們是否還能獨自向前走去，沒有熱情，不過是溫和地認可，靠著沉悶的責任感驅使著我們，透過投票，明智地維持一個相當好的市政府，這還有待進一步說明。這就是紐約有機會展示的東西。紐約，在美國反抗壞政府、追求好政府的運動中，成為最偉大的典型。

以此作為城市改革的標準道路，政治家們得到允許，以國民陣線為基礎組建一個實體組織，接管政府，腐蝕和欺騙人民，為老闆及其圈子的個人利益管理事務，致使腐敗行為變得越來越肆無忌憚，各種醜聞層出不窮。接著，改革者們與反對派結合在一起：他們是腐敗的、未得到滿足的少數派、多數派中不滿的團體、改革組織；他們提出一份由各黨派、各階層人士混雜在一起的候選名單。有一位「優秀的商人」率領，競選市長；他們發起一場「火熱的運動」反對政府，響亮地喊出「住手，盜賊！」這樣的口號，並「大獲全勝」。通常，這樣的舉動只能影響那些做事魯莽、不顧後果的行賄者，使他們有所收斂，再來就是影響腐敗政府賄賂體系的改進。結果顯示，這個好市長原來是個軟弱的、或者說是愚蠢的人，「並不像人們認為的那麼好」。政客們「根本沒有把他放在眼裡」。在費城，一些追隨「煤氣集團」參加反叛而當上市長的商人們，也是這樣被政客們拿

下的，或者就像人民變得對斯特朗市長厭惡那樣——這個人是在紐約的萊克斯沃事件曝光後，由反坦慕尼派反叛者推上市長寶座的——感到失望，費城只好放棄，而這正是大多數城市的做法。革命性的改革屢屢失敗，其所要達到的目的遠遠超過統治機器的強化，所以這種方法已經被證明是行不通的。有些城市機警的改革者，例如在匹茲堡、辛辛那提、克利夫蘭、底特律、明尼亞波利斯等城市，都效仿芝加哥的做法。

為了獲得成功，「芝加哥計畫」並不依賴任何個人或哪一年的工作，更不靠刺激或任何類型的壞政府。那裡的改革者沒有選區組織，根本沒有政治機器；他們唯一的求助，就是選民的智慧和選民的力量。這是一場民主改革和政治改革，不是資產階級改革和商業改革。令人感興趣的是，我們注意到，儘管其他許多地方的改革者，尋求將所有權力集中在市長的身上，芝加哥的改革者卻在談論，把市長當做名譽領袖，使市長的權力由市議員們掌控，因為他們直接代表人民，何況每年都要進行市議員的改選。

然而，芝加哥方式只能是一條路，而且是一條新路；我們必須記住，這項計畫還沒能產生一個良好的行政管理體系。紐約有這樣的政府。芝加哥經過七年不懈努力的鬥爭，也有由市議員為主體的實體組織機構，他們的誠實和能力，足以抵禦賄賂資金對城市利益的侵蝕，但大概也就是這些了，這座城市

有著令人苦惱或難受的管理。紐約堅持走原來的老路。作為一個以自己為中心、排外的城市，紐約幾乎不知道還存在別的什麼道路。芝加哥笑了起來，其他城市則覺得驚訝，但是沒有關係，紐約以其持久的毅力，最終形成一種很好的行政管理。紐約人能把這種狀態維持下去嗎？這是個問題。芝加哥所有的，紐約也能弄到。紐約所培育的、具有獨立精神的市民，能夠在每一次選舉中投票，把票投給不追求私利、好的市議員。紐約有 100,000 獨立選票，這是一股決定性的少數派，但是選民卻在很長一段時間內，只有一次投票的機會。也就是說，只能在受到獨特領導者階層的煽動，或受到轟動性曝光事件的刺激時，才去投票，而且只能投反對票。到目前為止，紐約一直是在反壞政府、反坦慕尼，而不是管理得很好的城市。沒有坦慕尼派參與其中進行煽動，這個城市還能選出好市長嗎？我認為，將要回答這個問題的，是這次選舉，其結果也將決定其他城市如何進行改革。

塞斯・洛市長（Seth Low）管理的政府也許一直不那麼完善，更不用說按照歐洲最好的管理理念：缺乏專業知識、不善於協調，當然也不聰明。然而，就美國的城市而言，這個政府不僅一直是誠實的，而且還很能幹，不可否認是整個國家最好的政府。一些部門曾是不誠實的，還有的部門辦事效率不高，致使整個行政管理出現令人發笑的事。但是，那又有什麼關係

呢？賄賂行為在剛出現的時候，因為沒有受過專門訓練，也是很笨拙的，常常犯下尷尬的錯誤。聖路易圈子的「誓言」，儀式和大量的賄賂活動，在我的腐敗的費城朋友和坦慕尼協會看來，似乎非常可笑，而紐約自己的特威德集團政體，可不是「開玩笑的事」，因為這個政體 —— 對紐約來說 —— 是那麼的統領一切，花起錢來又是那麼的大手大腳。完善惡政的「費城計畫」是需要時間的，教育克羅克和發展他的坦慕尼協會，也是需要時間的。在美國，逐步形成的市政府管理藝術，成為非矯揉造作式的管理大師，那是需要花費時間的 —— 時間和需求。到目前為止，在我們這個國家，還一直沒有提供市政管理專家的市場。如今，我們以謙恭、怯懦的方式，大聲呼籲的所有一切，就是那種低劣的、基本的、被誤稱為「普通誠實」的美德。我們想要的，真的是這個嗎？可以肯定地說，在錢財方面，洛先生是誠實的，他還有更多的優點。他為人謹慎，富有經驗，就他本人而言，他做事很有效率，天生就有經營頭腦，但他又不受其影響。加上他在一家國際商行工作中所受的訓練，擔任紐約市布魯克林區區長長達兩個任期，接著出任哥倫比亞大學校長，以非常有效的企業管理方式，履行自己的職責。當上市長不久，他就開始研究紐約的各種問題；他曾親口說過，他用八個月的時間，對政府的資金情況進行調查研究：他掌握了這個部門，並被人們承認，他詳細了解所有他感興趣的部門。換句話說，洛先生已經獲悉紐約的事務，他現在就是想展現自己的

能力，成為這個城市的市長。對洛先生還有什麼要求嗎？

　　沒有了。當我進行諮詢時 —— 謊言傳播開來之前 —— 反坦慕尼協會勢力的各派領導人（就是他們提名洛先生的），這時說他們也許還會提名洛先生當市長。「除了他，還能是誰呢？」他們問道。而且他們認為洛先生「也許」能夠重新當選。可供選擇的候選人是理查‧克羅克，或是他的人查理斯‧F‧墨菲，因為無論這兩個人誰來當坦慕尼協會推薦的市長候選人，都沒有什麼關係，如果坦慕尼贏了，統治者還是坦慕尼老闆。私人問題足夠清楚了，然而，這並不能保證洛先生就一定可以當選。

　　為什麼？能夠給出的答案很多，但是所有答案幾乎都會歸結到一個答案 —— 人的個性。洛先生的個性並不是非常迷人的。他有許多值得尊重的特質，但從來不是那種令人感到親切的特質。「你什麼時候看他笑過？」一位憑直覺不喜歡洛先生當市長的政客，辯解地說道。我也有這種感覺。我們的確很少聽到他的笑聲，沒有幽默，其中也沒有涵義。他始終完全缺乏那種吸引力的人為因素。他的卓越才能是自給自足；他的尊嚴在於他自命不凡；他有禮的舉止似乎沒那麼親切；他信賴自己的能力，凡事依靠自己的力量解決，常常被人認為固執，因為儘管他肯傾聽別人說話，但看起來好像並不上心；儘管他能理解，卻表現不出同情心；當他做出某些決定時，他運用自己個人的推理。他最有用的美德 —— 廉潔正直、充滿智慧、勤勞盡

責 —— 在行動中往往是一種刺激，它們是那麼令人滿意。洛先生屬於資產階級類型的改革者，即使有些事他能作出讓步，卻得不到稱讚；他的妥協，留給人的印象是投降。政客可以說「不」而結交一位朋友，洛先生卻因說了「可以」而失去一個朋友。冷酷和不近人情，他甚至使手下各部門的領導者失去熱情。他們給出的是忠誠的公共服務，因為洛先生欣賞那些為其自身著想、盡職盡責的人，以及城市得到的那種卓越的服務。但是洛先生管理機構的成員，幫我描繪這個人的特點，他們無法克制自己。洛先生並不是一個可愛的人物。

但是那又怎麼樣呢？為什麼他的同事應當喜歡他？為什麼大家都應該愛戴他？為什麼他就該尋求魅力、贏得別人的愛慕、結交朋友？他當選市長是為了處理職責範圍內的事務，任命屬下是要他們各司其職，處理各部門的事務，不是為了積聚「政治力量」，贏得選舉。威廉・特拉弗斯・傑羅姆，這位別具一格的地區檢察官，他的真誠和智慧，曾在兩年前確保了洛先生當選，現在卻憎恨洛先生成為資產階級分子。但是在紐約，市長職務被認為應該由資產階級分子擔任。紐約理論認為，市政府就像企業，不是一個政治實體。一個能管理好企業的人，就能管理好一座城市，而洛先生正是這個理論的理想產物。芝加哥的改革者們認為，我們必須解決自身的問題，即政府是政治商業。在政治圈子裡成長起來的、具有政府工作經驗的公務

員，最能勝任行政管理工作。他們喜歡卡特·H·哈里森這位政客出身的市長，拒絕挪動他的職位，認為他是最理想的市長候選人，可是我曾聽到他們說過，芝加哥一旦時機成熟，他們倒是願意在一些久經考驗的市議員裡，挑選更好的市長。不過，我再說一次，這只是一種方式，紐約還有另一種方式，而紐約方式才是標準的美國方式。

　　我還是要說，紐約方式有待檢驗，因為紐約有著整個國家一直在所有城市政治危機時所尋找的東西 —— 非黨派的統治者。洛先生的極端錯誤，我曾有意地強調過，喚起了人們對這一點的注意。即使洛先生希望成為政治家，他們也會讓洛先生不實現自己的理想。至於他的自私、笨拙，他的冷酷 —— 這些都無關緊要。他反而因這些缺點而更好地完成自己的市長職責。即便他的確令人厭煩，但那又有什麼關係呢？他已經為這個城市效力了。難道只是因為不喜歡他不笑的樣子，這個城市的市民就不選他當市長了？這聽起來讓人覺得荒謬，可是我所聽到的、反對洛先生的聲音匯合在一起，差不多也就是這些。但是將這種情景進一步降低為更荒謬的言論，那就讓我們整個地清除洛先生的個性吧！讓我們假定他沒有笑容，不懂禮貌，沒有自尊心，缺乏辦事效率，完全沒有個性；假定他是個傻瓜，沒有給予紐約很好的行政管理，只是誠實地努力做好自己的工作。下一步怎麼辦呢？

坦慕尼協會總部？這是一個可供替代的選擇。坦慕尼政客們同樣清楚地看到了這一點，何況他們不習慣自我欺騙。他們說，「今年是坦慕尼協會年」，「該輪到我們坦慕尼協會了」。他們這樣說，而且相信自己所說的。他們研究人民，知道所有的一切是市民地位問題；他們承認，除非有相當多的獨立選票流向他們，否則他們很難在選舉中獲勝。儘管如此，他們說坦慕尼協會能夠擊敗洛先生，或者任何一位由反坦慕尼派提名的候選人。所以我們可以穩妥地把洛先生排除在外，把問題簡單地歸結到坦慕尼協會。

坦慕尼是一個糟糕透頂的政府；不是說這個政府沒有效率，而是因為他們不誠實；不是一個黨派，不是一個欺騙，一個圈套，幾乎沒有人知道他們依附的是民主黨；他們在黨的全國委員會裡沒有什麼地位，他們也不在乎自己對城市之外的影響。坦慕尼就是坦慕尼，腐敗的展現，腐敗的化身。整個世界也許知道坦慕尼是什麼組織，坦慕尼在追求什麼，因為坦慕尼可沒有虛偽這樣的惡習。「坦慕尼就是為了坦慕尼」，坦慕尼的人就是這麼說的。其他圈子宣布謊言，自負得很；還有的圈子談論的是關稅和帝國主義。坦慕尼則誠實地說自己不誠實。一次又一次，無論私下還是在公開場合，坦慕尼的大頭目還是小頭目，都說他們尋求的是自身利益，是為了他們自己而出來混的；不是為了公眾，而是為了「我自己和我的朋友」；不是為了紐約，

而是為了坦慕尼。理查‧克羅克有一次在宣誓時就說過，他從來就是為自己的口袋而工作。而湯姆‧格雷迪，坦慕尼協會的演說家，就曾以其蠻橫不講理的粗魯方式，讓聽眾跳了起來，為他的觀點大聲歡呼。

來自火星的人一定會說，這個組織，如此主動坦白，對充滿智慧的人民來說，不會有什麼威脅。外來的人對這個組織、對我們感到驚訝，甚至美國人 —— 例如賓夕法尼亞人 —— 也無法理解紐約人為什麼把坦慕尼看得如此可怕？我認為我能做出解釋。坦慕尼的腐敗是得到認可的；這個糟糕的政府，是經人民投票選舉而建立起來的。費城政治機器更有力量，他們透過欺騙手法和高壓措施來統治費城，並不需要人民的選票。費城人不為他們的政治機器投票；他們的機器為他們投票。坦慕尼通常的做法，是把偽票填滿票箱，恐嚇投票者；如今這樣的事，幾乎沒有了。坦慕尼的統治方式，當這個協會擁有統治權時，就是利用紐約人民的選舉權。

坦慕尼的腐敗，是民眾化的腐敗；而費城利益集團的腐敗，根植於特別的利益。同樣，坦慕尼也與「既得利益」有關係 —— 但是，坦慕尼要為自己所處的不利地位而苦惱，這種情況在費城卻沒有。費城的利益集團歸屬相同的政黨，即統治州和國家的執政黨，當地的利益集團與州利益集團、國家利益集團形成一個共同的生存鏈。坦慕尼則純粹是一個地方企業。

由於它們只是在老紐約擁有大多數，它們不僅被迫從州共和黨多數派那裡買下它們想要的東西，而且還要透過討價還價，才能得到整個城市。任何地方的大買賣，都是政治腐敗的根源，在紐約也是如此。但是紐約的多數大企業只是派駐代表，並沒有廠子。例如，那裡有許多信託公司和鐵路公司的總部或辦事處，但是，僅此而已。城裡只有兩個鐵路樞紐，供三條線路使用。與紐約相比，奧巴尼要做的可就多了，華爾街也是如此。費城證券交易所主要經營賓夕法尼亞州的有價證券，而紐約證券交易所的經營範圍，是整個美國。華爾街在那裡有一個小組，專門從事地方企業業務，他們積極活動，給坦慕尼方便條件，使其與華爾街建立連繫。但是我們多數的大金融領袖，儘管他們在其他城市，甚至在紐約是行賄者，但卻獨立於坦慕尼協會，在各自家鄉可能都是誠實的市民。的確如此，在這個階層，紐約能夠、而且是經常這麼做，吸引一些紐約的改革者。費城的情況就不是這樣。與坦慕尼腐敗行為作鬥爭的資產階級反對派，已經堅持了三十年，而在費城卻沒有這樣的事情，費城人第一次偉大的起義爆發後不久，就遭到鎮壓。馬修·S·奎伊，透過銀行、鐵路和其他企業股份，能夠實現自己的目的。他的權利大部分是負面的，不存在敵對和反抗；坦慕尼的權利是正面的。坦慕尼不能觸及到所有最大的股份，而其控股依賴的是人民。

坦慕尼民主化的腐敗，依靠的是民眾的腐敗。普通民眾，其中存在著重大的意義。根據我的研究，其賄賂體系是這樣的，那就是讓更多人從腐敗行為中獲取一份利益。民眾本身得到的，其實很少，但他們對此卻很有興趣。根據區域劃分，坦慕尼組織將這些區域再分成分區或街區，而它們的最高權力，則是透過選票的方式，利用親切的態度和小的特權等手法，大量買下的。如果必要的話，假如受到恐嚇，他們也會放棄，但是領導人及其屬下有自己掌控的範圍，因為他們關心自己的利益。他們說著令人愉快的話語，友好地微笑著；關注兒童，在湖畔或海邊舉辦野餐，或者拍拍某人的後背；他們幫助人們尋找工作，其實大多數就業崗位是由城市負擔費用的，但是他們還有報攤、貨攤、有軌電車和其他商業場所可供分配；他們允許違法行為，假如哪個人犯了法，他們也會幫助這個人順利通過法庭審判。儘管他們隨時能夠像與人握手那樣，把巴掌抽在那個人的臉上，他們的仁慈卻是真實的體貼，影響深遠，長久不被人們忘記，並能沒完沒了、不嫌麻煩地幫助一個朋友。

　　如此廉價聚集起來的力量，就像垃圾，集中在地區領導人手裡，他轉而把權力透過一個委員會，傳遞給老闆。這是現在政府的一種生存形式，法律管轄之外的，但是非常實際。而且，儘管在一開始時完全是民主的，經過幾個階段的發展，最終還是變成一種獨裁政治。在費城，老闆任命地區領導人，並

授予他權力。坦慕尼協會總部以兩、三個顯著的步驟完成了類似的轉變，但是絕不會不引起激烈的爭鬥，而這樣的爭鬥往往持續數年。在費城，州老闆指定市老闆。在紐約，克羅克卻不能明顯地維持他所任命的副老闆們。坦慕尼協會老闆是栽培的產物，正如克羅克的成長；查理斯·F·墨菲成長起來後，取代了克羅克的位置。另一方面，儘管費城的老闆和他的利益集團能夠處理和掌控幾乎所有的賄賂活動，只給各地區領導人留下很少一部分；紐約的地區領導人則能夠慷慨地分享贓款。

在紐約可供分享的好處多一些。想估算出其中的數量，不光是我，換成任何人，也不可能完成這個任務。即使是坦慕尼協會的人，也並不完全清楚。我在警察局的幾個朋友對我說，在萊克斯沃委員會揭露真相之前，坦慕尼的領導人從來就不知道員警因腐敗而撈取的錢財是多少，他們到底富有到什麼程度？而一直滿足於收受小禮物、捐款和權勢的政客們「並不插手過問」自己的份額。直到後來，看到受驚的員警、賄賂者的供詞，他們才知道警察局每年拿到的贓款達到四百萬～五百萬美元。這些款項數目如此龐大，令人難以置信，我甚至遲疑過是否寫出來。德弗里有一次曾告訴朋友，員警一年受賄的款項「差不多超過三百萬美元。」事後，在德弗里的安排下，每個月僅僅從賭博場所和撞球社收取的贓款數額就相當大，這些錢由員警內部的腐敗犯罪集團進行分割。沙龍行賄、色情場所敲詐、賭

博彩券發行……等，致使總額達到令人震驚的數目。

然而，這只是一個部門，而且是坦慕尼多年忽略的一個部門。這個城市的年度預算大概是一億美元，儘管這些經費的開銷權是巨大的，以不正當手法收取回扣的機會多得數不清，這筆錢的數目在坦慕尼掌權時期，還不到協會財源的一半。這個協會的財源正是這個城市作為企業的財源，也是其政治權利和社會權利的展現。假如可以將坦慕尼組成股份公司，其所有的收入，無論是合法的還是不合法的，全都聚集起來，以紅利或股息的形式支付，其股東能獲得的回報，一定比紐約中央債券和股份持有人多出很多，甚至還會超過艾克森美孚石油公司的股票持有人；而控股集團所能行使的支配權，差不多等同於美國鋼鐵公司。坦慕尼在其控制紐約時期，每年能從這座城市拿走數百萬美元，真是令人難以置信。

難怪這些首領都那麼有錢；難怪坦慕尼派有錢的領導人要比其他任何城鎮的領導人多；難怪坦慕尼派在其地盤上，對賄賂行為那麼寬容。克羅克拿走了最豐厚、最安全的一份，而且還從其他人那裡收取分子。他「身居華爾街的一端」，而坦慕尼的金融家集團，已經透過威脅城市道路的管理權，打敗曼哈頓軌道交通公司，並以低價收購了幾家公司的股份；他們一直參與都市交易，並在交易中巧取豪奪了第三大街有軌電車線路的經營權。艾斯信託基金機構是坦慕尼的一家公司；他們擁有銀

行和信託公司，透過紐約房地產公司，強迫諸如艾克森美孚石油公司這樣的金融集團與他們結成聯盟。克羅克在這些交易和生意中，分得他的一份好處。他出售法官的職權，以向坦慕尼運動基金會捐款的形式，接受自己的所得，而他本人卻是基金會的財務主管；他讓法官從一般的房地產交易中，接收所有透過法庭的大量房地產生意，然後將其給予一家交易所，而這家交易所與他的公司（彼得‧F‧邁耶有限公司）的房地產生意，有著緊密的關係。僅此一項，就能讓他持有英國公爵領地般大小的地產，但是他的房地產生意可大得多。他有著非同尋常的法律便利條件，免費、隨便使用廣告和政治特權的影響力。所有這些，都被帶進生意，而且他能利用有利可圖的交易，預先知道內部消息和隨後的公共設施改造項目。

　　儘管克羅克說過，他始終是在為自己的口袋而工作，也的確拿走一部分賄賂，但他並不是「像豬一般的貪婪」。在這個城市，最為豐厚的賄賂，是建築管理部門：每年有一億美元進入紐約建築市場。所有這些，從戶外廁所到摩天大樓，都需要接受嚴格的法律條款和規章制度的監管。其中大多數是明斷的，一些是不可能的，建築主管部門則是這些法律、法規的執行者。該部門對所有建築專案進行審定和裁決，無論是私有住宅還是公共建築，工程的每一個階段，從規劃、制定到工程完工後的驗收，他們不僅能造成「不可避免的拖延」，還能對相

當多的違法行為睜一隻眼、閉一隻眼，只要有利可圖。建築師和建築商不得不巴結建築管理部門。他們拜訪合適的人，他們去說定還沒有定下來的基建規模，但這通常是基於建築部門的評估，即施工週期的安排和使用劣質建材所省下來的資金的一半。這就為銀行家引入每年至少一百萬美元的好處。克羅克，就我所知，從中什麼也沒拿到！這些錢流入其他領導人的口袋，那是他們自己的受賄款。

地區檢察官威廉‧特拉弗斯‧傑羅姆已經調查碼頭管理部門，而且他了解一些自己也許能夠證實的情況。這是一項重要的調查，有兩個原因。這是一個非常重大的受賄案，而坦慕尼的新任領導人查理斯‧F‧墨菲與此案相關。紐約希望知道墨菲的更多情況，並想了解其管理的碼頭情況，因為就像別的城市，他們的腐敗通常與鐵路和道路樞紐相關，紐約的終點企業就是碼頭和輪船。這些碼頭本應該為城市帶來豐厚的收益，墨菲先生卻說不應該有收益。他是聰明的，在這方面，他與克羅克是一樣的，只是克羅克上了歲數之後，開始變得嘮嘮叨叨，坦慕尼的人只好喊道：「叫他閉嘴！」但是他的確說過，碼頭的經營不是為了增加城市的稅收，而是為了碼頭自身的改善。碼頭董事會每年獨家、私下、祕密地控制一千萬美元的支出。難怪墨菲選擇碼頭。

從賄賂的根源到賄賂的最終目的地，想追蹤紐約所有的賄

賂情況是不可能的。有可能做到的，就是追蹤這裡腐敗的管道，也就是紐約人所熟知的通道。坦慕尼承包商在哪裡能拿到市政工程？坦慕尼承包商能在哪裡拿到私人工程？無論是公司還是個人，都覺得讓坦慕尼承包商去拿工程還是方便的，對他們有利。坦慕尼在競標市政工程方面，有很好的賄賂體系；我說的「很好」，是站在犯罪分子立場說的。低價競標和短交，一般說來（而且也是我能在這裡講話的唯一方式），就是方法。但是坦慕尼體系，從整體來看，是虛弱的。

身為行賄者，坦慕尼的人，他們信任自己組織的方法和體系。鑑於費城的方法和體系如此完美，坦慕尼的則令人感到可笑。而一般的紐約人，參加「組織」，有一種心智不平衡的自豪感，顯得有些愚昧無知和偏狹。坦慕尼遠離時代。這個組織在成長；這個組織得到了改善。在特威德集團最猖獗的時期，政客們從市財政盜取錢財，在市政廳的臺階上分錢。而且，不僅是領導人，大頭目和小頭目，捧場的人和局外人，也是如此。不僅僅是特威德集團的人，還有選區的木匠，都在搶劫城市的財富；不僅僅是政客們，還有報社和市民，都在「參與分攤」；不僅僅是坦慕尼協會，整個紐約都是腐敗的。當事情被揭露出來，特威德提出他著名的發問，「你們打算怎麼處理這些事情？」圈子的市長 A · 奧基 · 霍爾（Abraham Oakey Hall）提出同樣的、另一個意味深長的問題。據報導，有人提出訴訟，反對

圈子重新獲得被盜取的基金。「誰想控告？」霍爾市長說道，他想不出有哪個重要人物因為沒有任何罪過，而有足夠的膽量拋出第一塊石頭。偷盜被阻止了，而賄賂則被弄得更像是生意，還很普遍。而為爭取百老匯大街有軌電車特許經營權的行賄和受賄，促使對這項生意的控制更緊密了。從那時起，組織開始逐漸集中控制賄賂。克羅克沒有像費城圈子那樣，在這條線走得更遠，如費城員警醜聞案所展示的。萊克斯沃事件曝光後，坦慕尼接管了賄賂事務，但是仍然任由賄賂現象在各區域氾濫，而警長們依然能拿到三分之一的好處。警察局事件被揭露後，德弗里成了警察局首領，員警受賄行為更加集中，涉及到的部門縮減到十四個。後來又歸併為由四、五個人管理的辛迪加，為員警提供零散的、五花八門的受賄機會。在費城，警局對員警受賄沒有什麼事情可做；某個員警也許收取賄款，但他是為政客代收的，而政客則依次把錢向上交給一個小的圈子。這在紐約卻是一種增額收入。在德弗里的治理下，警官們得到的相對少一些，而普通警員則可能因調動和升職，或罰款數額不足、任務完成不佳，而受到各式各樣的敲詐。

費城走到了盡頭，而紐約在坦慕尼協會總部的統治下，在其智商低下、狂妄自大的領導人不斷的推動下，也在加速朝毀滅的下場猛衝。在費城，一個很小的圈子就可以得到他們想要的一切，隨心所欲地進行瓜分，圈子內部的人也並非都是政

客。只相信極少幾個人，他們的行為不至於那麼容易遭到曝光，他們更有權勢，更加謹慎，他們像政客那樣精明。但是在紐約，行賄、受賄的人太多。舉個例子，在德弗里掌管警察局時，他們並不滿足於從大型色情場所收來的錢財。他們鼓勵發展一些較小的賭博、賣淫場所，例如抽籤、賭博的玻利希彩券，竟然達到相當嚴重的程度，致使彩券大王被捕，關進監獄，而德弗里的親信葛蘭農「被推入洞裡，緊卡在裡面」，非常危險，致使地區檢察官傑羅姆透過葛蘭農，找到了德弗里和辛迪加的把柄。一天夜裡，在紐約市油水區員警站，證人被人謀殺，局面得以挽回。但是，最糟糕的是，坦慕尼，「人民的朋友」，竟然允許由一幫號稱吸毒者和拉皮條者組成的組織，在員警的保護下，從事非法生意。誘使租客的女兒賣淫，甚至逼迫窮人，要他們的妻子當娼妓，不聽話就抓起來，關進監獄。這個非法交易從未被人曝光；這種事不可能、也不能被曝光。墮落的女人被「安置」在出租房裡，而據我第一手了解到的情況，體面家長的孩子查點顧客的人數，見證他們與這些怪物的交易，就像有位父親在家裡的餐桌旁，羞愧地、流著眼淚對我講述的所有一切。

坦慕尼派的領導者通常在這些地區，自然而然地成為人民的領導者，而他們最初也是些性情溫厚、親切寬容的人。沒有人比我更真誠地喜歡這些普通但又慷慨大方的朋友；他們之中，

有的人開始時真的很慈善，但是他們現在卻出賣自己的人民。他們的確曾為人民雪中送炭，幫助人民解決過各種生活困難，可是，隨著他們越來越富有，越來越有權勢，他們的仁善之情也逐漸變得淡漠；他們不僅在酒吧收取好處費或租金，用現金換取他們的「仁慈」；他們毀了父親們和兒子們；他們拿學校裡的孩子當犧牲品；讓衛生部門無視租客的居住環境。而且，最糟糕的是，在居民居住區和窮人家裡設立賣淫場所。

這不僅僅是糟糕透頂，這是很壞的政治手腕，它已經打敗了坦慕尼。當坦慕尼學好了些時，給紐約帶來了悲傷。誠實的傻瓜談到坦慕尼協會的改革，這是一個古老的希望，這個雖然三番兩次令人失望，但是並非徒勞無益。這是將來可能出現的真正危險。改革一個腐敗的圈子，就意味著 —— 正如我以前講過的 —— 改革其賄賂體系，明智地考量良好政府的某些特點。克羅克將他「最好的警察局長」—— 威廉·S·德弗里從坦慕尼協會趕了出去，隨著年齡的增長，他的動作越來越遲緩，克羅克從韋林上校那裡知道了什麼是清潔的街道，並把這些街道交給他們。現在坦慕尼又有了新的老闆，年輕的查理斯·F·墨菲，一個紐約不太了解的人。墨菲看起來很愚鈍，但是採取行動有力，敢作出決定，且很有策略。新任市長將會是他的人。他可能要與克羅克分配利益，留給這個「老傢伙」所有他通常接受的賄賂，但是墨菲將要統治坦慕尼，而且如果坦慕尼的人

當選，還要統治紐約。在我寫這篇文章的時候，路易斯·尼克森敦促墨菲公開聲明，反對員警醜聞和坦慕尼所有最邪惡的行徑。路易斯·尼克森是一位誠實的人，但是在克羅克試圖安排坦慕尼領導人的候選人時，他也是人選之一。而且當克羅克辭職時，尼克森先生說過，他覺得一個人不可能既保住領導者職務，又保住自尊。不過，尼克森這類人往往認為，如果協會能夠「進行改革」，坦慕尼派還是適合管理紐約的。

身為一個紐約人，我害怕墨菲將被證明有足夠的遠見和智慧來這麼做：平息醜聞，將所有貪汙行為掌握在幾個真實可靠的人手裡，送給城市所謂的好政府。墨菲說他將推薦一個人當市長，這個人太好了，他的善良會讓紐約感到吃驚。我不擔心坦慕尼派的哪個壞蛋來當市長；我擔心選出一個好的市長。因為我曾去過費城。

費城有一個很差勁的、來自圈子的市長，這個人為行賄、受賄大開方便之門，並讓醜聞一個接一個地發生。那裡的領導人 —— 這個國家最精明的政治賄賂人 —— 從中吸取很大的教訓。正如他們當中，有一個人跟我說的：

「美國人並不在乎賄賂的事，但是他們特別反感醜聞；他們不會那麼強烈地抗議或拒絕市政工程合約，比如修一條大馬路，但是他們想要一條方便的、沒有灰塵的大馬路。我們想幫他們修路。我們希望給人民真正想要的東西，平靜的安息日、

安全的街道、平安的夜晚和家庭安全。他們允許我們的員警接受賄賂。但是這個市長是隻貪吃的豬。你知道的，他只有一個任期，也就是說，他只能在自己的任期內撈取他的那份好處。他不僅貪婪地拿走即將到手的那一份，還想得到在他任期內，所有他想要的東西。所以，我開始對受賄的市長們和受賄的公職人員感到厭惡。聽我說，讓誠實的人進入政府是很好的策略。我的意思是指那些本質誠實的人。」

所以他們設法讓約翰‧韋弗當上市長，而誠實的約翰‧韋弗開始核查腐敗情況，恢復秩序，做了大量的好事，這就是需要做的「好的政治」。因為他讓人民感到滿意，撫慰人民被觸怒的自豪感，調解他們順從政治機器的統治。我在那裡的一些朋友寫信給我，他們是誠實的人，希望我能證明韋弗市長的善良。我照辦了。而且我相信，假如費城統治機器的領導人，能夠像以前那樣，小心對待韋弗市長，讓他繼續堅持把政府管好，至少維持目前的狀態，那麼針對賄賂的「費城計畫」就會持續下去，而費城再也不會是美國的一座自由城市。

費城和紐約開始改革他們市政府的時間差不多，大概都是三十年前。費城推翻了一個腐敗的圈子，讓這些人下臺，獲得「好的政府」——費城人說的好政府——滿足於成為國家醜聞和民主的恥辱。紐約則一直在繼續戰鬥，進進退退，弄了三十年，直到他們為人民初步建立起以洛先生為市長的政府。紐約

人知道這個嗎？紐約人在乎嗎？他們是美國人，形形色色且各具特性；我們美國人真的想要好政府嗎？就像我在一開始說過的，他們沿著錯誤的道路，與美國其他令人感到不愉快的城市一起，做了三十年，就是為了走上費城的絕望之路？

　　後記：洛市長以多黨派的聯合票得到提名。坦慕尼協會則提名喬治·B·麥克萊倫。當地一些企業和公司向坦慕尼協會競選基金捐助大量的錢，且紐約人民以決定性的多數票擁護坦慕尼協會提出的候選人。選舉結果是：麥克萊倫獲得了 62,696 票中的 314,782 票，而洛先生是 252,086 票。

電子書購買

爽讀 APP

國家圖書館出版品預行編目資料

腐敗之城，美國都市反腐紀實：警界貪贓枉法、政客錢權交易、罪犯逍遙法外、官員收賄成習……聖路易到紐約，「扒糞者」曝光美國腐朽的真面目！ / [美] 林肯‧史蒂芬斯（Lincoln Steffens）著，孔繁多 譯 . -- 第一版 . -- 臺北市 : 崧燁文化事業有限公司 , 2024.01
面； 公分
POD 版
譯自：The shame of the cities.
ISBN 978-626-357-915-6(平裝)
1.CST: 美國政府 2.CST: 政治倫理 3.CST: 政治經濟 4.CST: 政治發展
574.52　　112021939

腐敗之城，美國都市反腐紀實：警界貪贓枉法、政客錢權交易、罪犯逍遙法外、官員收賄成習……聖路易到紐約，「扒糞者」曝光美國腐朽的真面目！

臉書

作　　　者：[美] 林肯‧史蒂芬斯（Lincoln Steffens）
翻　　　譯：孔繁多
發 行 人：黃振庭
出　　　版：崧燁文化事業有限公司
發 行 者：崧燁文化事業有限公司
E - m a i l：sonbookservice@gmail.com
粉 絲 頁：https://www.facebook.com/sonbookss/
網　　　址：https://sonbook.net/
地　　　址：台北市中正區重慶南路一段六十一號八樓 815 室
Rm. 815, 8F., No.61, Sec. 1, Chongqing S. Rd., Zhongzheng Dist., Taipei City 100, Taiwan
電　　　話：(02) 2370-3310　　傳　　　真：(02) 2388-1990
印　　　刷：京峯數位服務有限公司
律師顧問：廣華律師事務所 張珮琦律師

-版權聲明

定　　　價：330 元
發行日期：2024 年 01 月第一版
◎本書以 POD 印製
Design Assets from Freepik.com